成为下一个SaaS独角兽

快速进入指数式增长通道

崔牛会◎主编

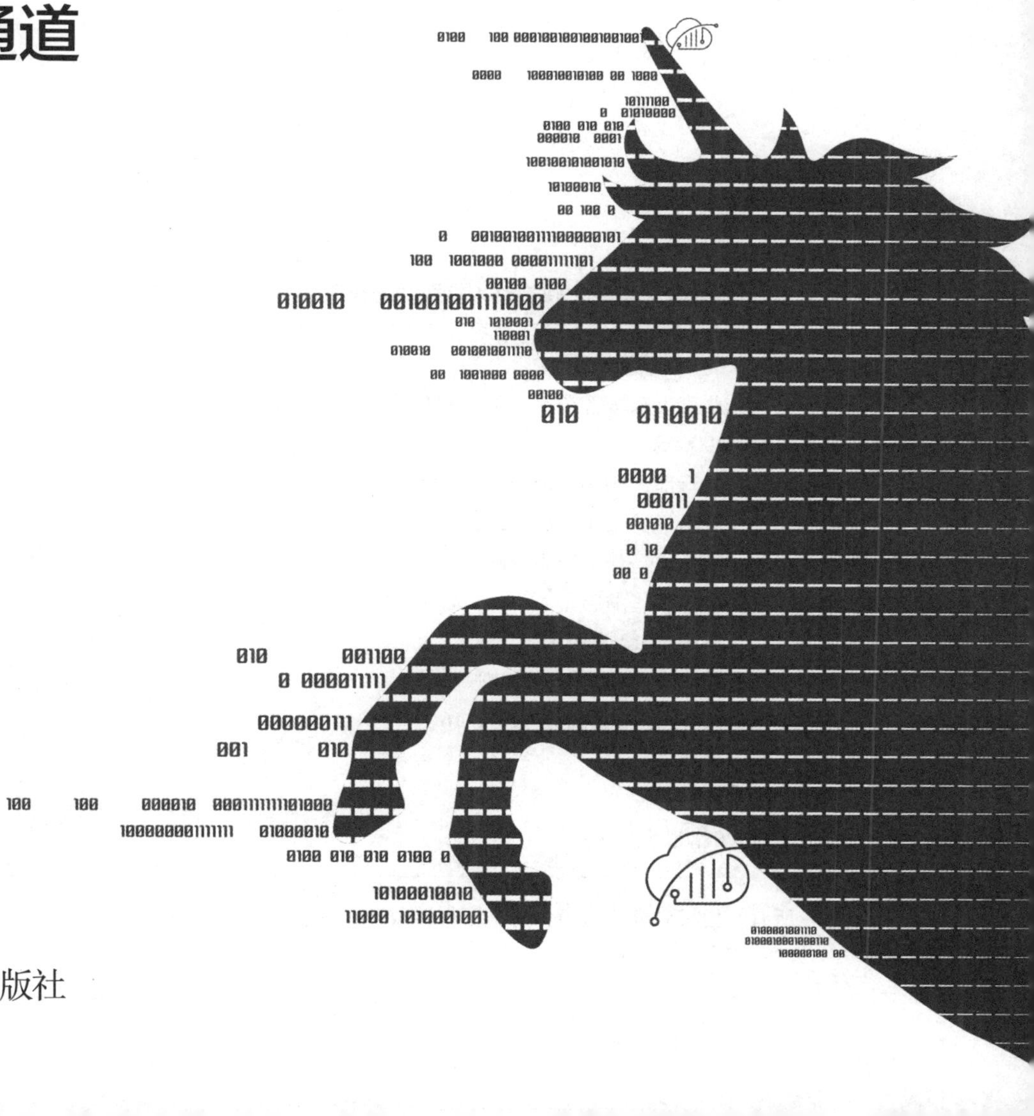

北京日报出版社

图书在版编目（CIP）数据

成为下一个 SaaS 独角兽 ：快速进入指数式增长通道 / 崔牛会主编. -- 北京 ：北京日报出版社，2019. 12

ISBN 978 - 7 - 5477 - 3294 - 6

Ⅰ. ①成… Ⅱ. ①崔… Ⅲ. ①电子商务 - 企业管理 - 产品管理 Ⅳ. ①F713. 365

中国版本图书馆 CIP 数据核字（2019）第 243063 号

成为下一个 SaaS 独角兽 ：快速进入指数式增长通道

出版发行：北京日报出版社
地　　址：北京市东城区东单三条 8 - 16 号东方广场东配楼四层
邮　　编：100005
电　　话：发行部：（010）65255876
　　　　　总编室：（010）65252135
印　　刷：河北宝昌佳彩印刷有限公司
经　　销：各地新华书店
版　　次：2019 年 12 月第 1 版
　　　　　2019 年 12 月第 1 次印刷
开　　本：710 毫米 × 1000 毫米　1/16
印　　张：14. 5
字　　数：185 千字
定　　价：88. 00 元

导读

从 2008 年云计算进入中国那一刻，SaaS 也随即扎根中国市场，如果从 ASP（SaaS 的早期形态）算起，中国的 SaaS 已经经历了足足 20 年的时间了。

而 SaaS 的发展并不是一帆风顺的，经历了两次大的起伏，一次是 2000 年年初，ASP 概念进入中国，那时中国的互联网泡沫刚刚破灭，To B 领域的互联网应用服务也似昙花一现。

2004 年，PC 互联网逐渐普及，国内出现了多家以“软件租赁”方式服务的企业，当时云计算尚未进入中国，这波才是 SaaS 真正的前身。这群值得敬佩的创业者，他们从零开始教育市场“软件在线租赁”的概念，用户从抗拒到逐渐认可，经历了太多的冷遇和白眼。

随着移动互联网的普及，彻底激活了 SaaS，从 2014 年到今天，中国的 SaaS 市场空前的火热，政府推动、巨头影响、资本借力，各类 SaaS 如雨后春笋般成长起来。

我以媒体人的身份经历了 SaaS 发展的全过程，于 2014 年创办了崔牛会，希望“影响和连接企业服务决策人”。从 2017 年开始，我们每年都会把行业里对 SaaS 理解深入的创业者的内容整合成一本内部资料《思想洞见》，深受创业者的喜欢。

本书正是从这些文章里精选了 19 位作者的 21 篇文章，每篇都是他们在观察和实践中获得的真知灼见，经过出版社重新编辑整理，市场上目前还没有针对 SaaS 企业业务方面的实务图书，所以，本书值得每一位 To B 创业者品味阅读。

本书共七章，主要包含以下内容：

一、分析了中国 SaaS 市场的发展与现状；

二、切入销售团队与渠道的打造，获客一直是制约 SaaS 快速发展的瓶颈；

三、SaaS 企业重心在产品和运营的深度，而客户成功又将是一个体系化的运营；

四、SaaS 要做 PaaS 吗？构建 PaaS 能力投入之巨大，挑战重重；

五、美国成功 SaaS 到底能给中国创业者哪些启示；

六、通过资本的关注看这个行业的商业机会和成长性；

七、通过几个案例来反看 SaaS 本身的增长和商业价值。

本书还会赠送崔牛会整理的《2019 中国企业服务云图》电子版，这份云图一共分了 14 个大类，79 个小类，企业客户可以快速找到对应的产品，厂商可以看到企业服务市场的全局，投资人可以看到云市场的创业分布和格局，读者可以用上帝视角鸟瞰中国云服务市场。

To B 市场和 To C 市场有着本质的差异，企业组织决策行为导致了 SaaS 不能创造出绝对速度，影响人的方式也不同。在写这篇导读的时候，我们正准备向 SaaS 厂商推广崔牛会深度商业案例服务，通过深刻理解构建厂商与他们潜在客户对话的能力，从而影响企业客户的决策层。

在企业数字化时代，每一家企业都将成为数字化企业，而 SaaS 中流淌着企业的业务数据，这些数据未来也将全面“在线”，改变每一家企业的商业逻辑。

这不正是我们要做的事吗？

序

回归初心　突破成长

崔　强

当确定年会主题的时候，我们讨论了很久，策划团队最后给出的答案是，现在 To B SaaS 市场虽然正在经历“空前低谷”，创业环境看似严峻，但是这个时间点可能是创业者最好的创业时间。这里说的是真正的 To B 创业者。

回归初心，突破成长，最后我们把主题缩减成了“回归突破”。以此来提醒 To B 市场真正的创业者。崔牛商学院邀请东方富海合伙人陈利伟去开课，我认真地听了他分享的内容。里面有一句话来比喻当下投资人和项目之间的关系，项目方觉得投资“因为相信所以投入”，而投资人觉得是“因为投入所以相信”。

现在用这篇文章聊一聊回归和突破……

1. 互联网公司的态度

这里说的态度当然是当前互联网巨头的态度，他们正在深刻地影响着 To B 领域的发展和进程。

2014 年，李彦宏在百度的黄山年会上说："未来，新型企业级软件助力解决企业从内部到外部连接的问题将成为未来趋势。"而这轮中国的 SaaS 市场真正热起来正是 2014 年。之前的几年，中国的 IaaS 基础设施大量建设，3G 和 4G 相继商用，安卓和 iOS 推动着移动终端快速普及，而这一切正是 To B 发展的底层和基础。李彦宏说 To B 时代来了，正是迎合了这个时间节点。严格意义上讲，百度一直是一家 To B 的公司，在那之后百度加速了在人工智能和深度学习领域的布局，这算是百度的态度。

2014 年 9 月 18 日，微信企业号正式发布，并承诺微信企业号只是一个入口和平台，不会涉及企业的具体业务应用。不过，还有很多企业管理软件厂商心里并不踏实，担心微信侵蚀领地。腾讯一直未放弃企业级领域，相继发布 RTX（腾讯通）、微信企业邮箱、腾讯企点等多款产品。企业号后来改名微信插件并入企业微信团队，开始发力企业级市场。这算是腾讯在 2014 年的态度。

2014 年 12 月 12 日，阿里巴巴重回企业级市场，重磅推出钉钉。用了不到一年时间狂揽 80 万家企业用户，并且以每月 10 ~ 15 万家企业用户在快速增长。在继 2010 年阿里巴巴放弃企业软件业务后，钉钉又一次旗帜鲜明地进军企业软件市场，这算是阿里巴巴的态度。

三家互联网巨头无一例外都在 2014 年先后表明了自己的态度，这似乎并不是偶然，而是市场的嗅觉所致，To B 的时代真的要来了。

再看 4 年后的钉钉和企业微信，已经成为企业服务领域生态的重要部分，他们在 To B 市场的投入也彻底带动了行业的发展。前段时间，腾讯战略调整，腾讯云独立，这次战略的调整也预示着腾讯在 To B 市场的再度发力。阿里云已经成为中国云计算的老大，腾讯此次的调整也有迫不得已的成分。

再看王兴把美团的未来定义在 To B，先后收购了酒店 PMS（物业管理系统）别样红和餐饮 SaaS 屏芯；今日头条不仅研发了 Lark，还战略投资了 Tower、石墨等；京东不仅自己和航信合资大象云集，这段时间还密集投资了以简单报销、亿方云为代表的多家 SaaS 公司。

互联网公司的集体回归，多多少少都在布局 To B 市场，我想问："你们怎么看?"

2. 资本从狂热回归理性

2014 年到 2016 年，亲身经历了资本的这次狂欢，就像之前陈利伟的一次演讲中提到的。尽管这样，从 2014 年到 2018 年 To B 市场的资本投入也就千把亿元，总额还不及滴滴一家公司所拿的融资额，和 To C 相比，To B 的市场投资远远不足。

他们这个产品，连 PPT 都没出来就融了 4000 万元。

但现在第二轮卡住了。

为什么?

产品出来了。

资本的狂热也带来了一群非 To B 的创业者，就是文章开头所提到的非真正的创业者，他们觉得 To B 市场可以拿着一份漂亮的 PPT（商业计划书）来获得融资。他们想的不是给用户交付价值，而是投资本所好，快速拿融资。在资本还不成熟的时候，他们还可以拿到钱，一旦资本回归理性之后，他们都变成了裸泳的小孩，一个个被晾在沙滩上。

国内的人民币资本大多是 5 年期的，这和国外的基金有所不同，这也意味着他们更追求短期的回报。然而 To B 的项目有自己的生长周期，不像 To C 项目可以快速通过融资来抢占市场。目前来看，中国 To B 领域创造最快上市纪录的应该是有赞，从创业到借壳上市用了 3 年时间。

行业里流传着一个笑话，一个团队凭着一个 PPT 完成了一轮漂亮的融资，现在下一轮融资遇到了困难，原因是产品出来了。这个故事很讽刺，也很现实，这在几年前的 To B 市场可能比较常见，我们往往觉得一个表现平平的项目为何投资会趋之若鹜，现在看来，这也是很多投资机构交学费的过程。

资本理性的回归，也会成为 To B 市场一个重要的转折点，资本不再着急，他们看懂了 To B 项目的周期，也慢慢用一个理性周期来看待已投的或正在投的项目，这对创业者来说何尝不是福音呢?

3. 一次遭碾压的选型会

我曾经写过一篇文章——《不懂用户需求谈何增长》。在那次选型会上，我深深地感受到，SaaS 创业者和用户之间的距离遥不可及，而那个距离正是双方对需求的理解。

我们组织的两天的 SaaS 选型会取得了不菲的成果，也让我从中得到了极大的震撼。这个产值超过 500 亿元的甲方特别重视这次选型会，参加的人员有企业的 CIO、系统架构师和流程主管。三位高管在两天的选型会上，对参加 SaaS 厂商说得最多的一句话是："告诉我们你们的成功案例，描述案例的执行细节，这样我们才能把自己的业务和你的方案进行对照。"可惜的是，只有不到一半的厂商能够按照要求结合案例去讲解产品。

我把参加选型会的 SaaS 厂商人员分成了两类：一类是 SaaS 的 CEO；另一类是区域销售。两类人的差异十分明显，CEO 可以很好地回答甲方的问题，能够一起探讨需求。但是销售相去甚远，他们只是自顾自地完成讲解，甚至出现了临阵退缩的厂商。

后来，再聊起这个案例的时候，我称之为一起选型惨案。

对于甲方来讲，他们的目的很明确，寻找优秀的 SaaS 产品。我们对全国的 CIO 用户进行了一次针对 SaaS 应用的调研，38.6% 的 CIO 对 SaaS 的前景十分看好。并且有 83.6% 的 CIO 用户对 SaaS 软件十分关注，通过这两个数据，可以得出结论，用户对 SaaS 的认知度有了非常大的提升。

而在对中国 SaaS 创业者的调研中，我们也发现了两个数据：对 2019 年 SaaS 市场有 74% 的创业者表现出了乐观态度，导致乐观的原因是 71.75% 的创业者认为“用户认可度提高”。用户和创业者的调研数据表明，用户正在回归。

互联网巨头的降维攻击，投资机构的理性回归，用户对 SaaS 的认可，三种不同的角色从不同侧面来印证 To B 市场正在兴起。这与 2015 年投资机构所讲的万亿市场有根本性的不同，这次的兴起是全方位的、立体的。

这段时间一直在走访 SaaS 的头部企业，在未来的 3～5 年里，SaaS 厂商会迎来一波上市潮，随着它们的上市势必会引领中国的 SaaS 企业再一次创业热潮。

目录

第六章 拥抱资本 / 169

第七章 案例篇：SaaS 企业现身说法 / 189

第一章

中国企业级 SaaS 服务发展与现状

一、

中国企业级 SaaS 服务的发展阶段和未来

刘学臣　红圈营销创始人、CEO

近两年，中国企业级 SaaS（软件即服务）服务市场发生了很多变化，传统软件企业 SaaS 服务厂商转型步伐加速，互联网巨头加大在企业服务领域的布局，新型企业级移动 SaaS 厂商在经历了 2015—2017 年的“野蛮生长”后重归价值与理性，寻求行业突破之道。相比 2015 年企业级移动 SaaS 服务所获得的关注度，近两年市场似乎“冷”了下来，以至于外面出现了一些悲观论调，认为中国企业级 SaaS 服务风口过了、中国出不了 Salesforce（美国一家客户关系管理软件服务的提供商）那样的企业，事实真的如此吗？我认为不尽然。

以移动 CRM（客户关系管理）为核心的中国企业级 SaaS 服务的发展从 2012 年至今市场究竟经历了怎样的变化？未来又将会有

什么样的发展趋势？我试图用在红圈营销近 10 年的创业经验和对一线市场的思考，梳理中国企业级 SaaS 服务的过去和现在，并试图描绘出其未来的可能发展路径。

（一）以移动 CRM 为核心的中国企业级 SaaS 服务的发展阶段

红圈营销是 2009 年成立的，但是那个时候企业级移动 SaaS 服务还处于一个萌芽期，相对来讲还是有些早，当时不管是移动技术还是智能手机都不能很好地支撑行业发展，所以我把企业级移动 SaaS 服务的发展阶段从 2012 年开始算起，分成了三个阶段，分别是 2012—2014 年、2015—2017 年、2018—2020 年。

1. 2012—2014 年

这 3 年是中国企业级移动 SaaS 服务的概念期。把 2012 年作为中国企业级移动 SaaS 服务的起点，主要有三方面的原因：

（1）经济环境的变化。中国经济进入后工业时期，经济高速发展的红利已经减弱，企业管理效率红利开始凸显，客户需求开始出现，厂商、资本和人才也开始涌入企业级移动 SaaS 服务领域。因为处在后工业时期，企业的生产能力过剩，但销售能力亟须提升，所以移动 CRM 行业“吸金”最多。这在美国也是如此，Salesforce 过千亿美金的市值充分证明了这一点，移动 CRM 的核心作用在中国企业级 SaaS 服务行业发展过程中也将持续很多年。

（2）行业主要竞争伙伴的成立。在企业级 SaaS 服务行业引领者的移动 CRM 领域，行业主要竞争伙伴销售易①和纷享销客②等友商于

① 销售易是融合新兴互联网技术的企业级 CRM 开创者，位于北京，成立于 2011 年 7 月。
② 纷享销客是连接型 CRM 优质服务商，总部位于北京，成立于 2011 年 12 月。

2012 年前后成立。从融资额、客户数量增长方面来看，中国企业级 SaaS 服务中移动 CRM 领域的“魏蜀吴”在这一阶段初步形成。

(3) 资本和人才的进入。从 2012 年到 2014 年，企业级移动 SaaS 服务厂商逐渐得到了资本的青睐，也吸引了大量人才进入，许多传统软件企业和消费级互联网人才纷纷跳槽进入企业级 SaaS 服务领域。

2. 2015—2017 年

借用我提出的“蓝冰市场”① 的概念，这 3 年是企业级移动 SaaS 服务的蓝冰期。“蓝冰”有显性和隐性两个特征：隐性特征是说市场是有潜力的；显性特征是说有点难，表现出来的就是资本和人才的涌入都没有获得兑现。

这几年，资本持续青睐企业级移动 SaaS 服务领域，在几十亿资金和大量人才投入后，资本和人才都有强烈的业绩兑现预期。这一时期渐进涌现出一些有实力的企业级移动 SaaS 服务厂商，但是也有大量企业遇到了困难，甚至头部企业也偶尔会犯一些错误。

为什么这个阶段业绩兑现不出来，我做了认真地思考，认为有 4 个方面的原因：

(1) 时间因素。企业级 SaaS 服务是在欧美工业化 200 年、信息化 20 年（从 1972 年 SAP② 在德国成立，1977 年 Oracle③ 在美国成立开始计算）以后开始的，客户相对来讲比较成熟，由于欧美经济高速发展的红利基本耗尽，企业管理效率的提升变得必须，所以企业客户的付费

① 相对“蓝海市场”，是比其更早一个阶段的市场，它的需求还没有完全被挖掘出来。

② 德国一家企业管理解决方案软件的提供商，成立于 1972 年，全球第三大独立软件提供商。

③ 美国甲骨文公司，是全球最大的企业级软件公司。

意愿、付费能力和付费认知都比较高。但今天的中国刚刚完成 40 年的工业化进程，大量企业还沉浸在经济高速发展的红利之中，因此对于提升管理效率的企业级 SaaS 服务的付费意愿、付费能力和付费认知都还不高。

（2）竞争环境。以 Salesforce① 为代表的企业级 SaaS 服务在美国崛起之际，企业级 SaaS 公司面临的竞争环境是以 SAP 和 Oracle 为代表的传统软件公司，他们的收费有较大的台阶差：SAP 等传统软件公司的收费往往在百万美金以上，而同期企业级 SaaS 公司的收费则在十万美金左右，所以欧美企业级 SaaS 服务厂商的生存空间比较充分。但目前国内企业级移动 SaaS 服务厂商之间的竞争，以及与传统 PC 软件厂商的 SaaS 产品之间的竞争少有台阶差，收费几乎都在几万到几十万元人民币的数量级，这导致了厂商之间的低价竞争激烈。

（3）产品研发能力。以 Salesforce 为代表的欧美企业级 SaaS 服务厂商的产品研发处于相对成熟阶段，创始人往往有着传统 PC 软件厂商的产品研发背景，例如 Salesforce 的创始人 MarcBenioff 创业前是 Oracle 的副总裁，他有着清晰的产品策略和较强的产品能力。相反，国内的企业级 SaaS 服务创业者往往在产品研发方面经验不足，这就使其做出的企业级移动 SaaS 服务产品的成熟度和满足客户需求的能力亟待提升。

（4）管理能力。欧美企业级 SaaS 服务创业的市场环境有着相对成熟的管理能力和管理经验，而国内企业级 SaaS 服务创业者对内不仅面临着自身管理能力不足的问题，外部还缺乏成熟的职业经理人市场，这也是国内头部企业级 SaaS 服务厂商的部分创始人偶尔会犯一些低级管理错误的原因。我在湖畔大学上课的时候，马校长跟我们讲：“一个服

① 美国一家客户关系管理软件服务提供商，成立于 1999 年。

务类型的企业，如果人均收入达到 60 万～80 万元，是及格水平；如果人均收入达到 80 万～120 万元，是中等水平；如果人均收入达到 150 万元以上，是优秀水平。”在中国企业级 SaaS 服务领域，人均收入很低，人力支出却很高。

以上 4 点造成了在 2015—2017 年的蓝冰期，企业级移动 SaaS 服务领域的业绩没有得到兑现，客户的满意度也没有那么高，所以一些资本和人才对行业产生了质疑和动摇。很明显的一个特征是从 2016 年下半年开始到 2017 年上半年，资本对企业级 SaaS 服务领域有些犹豫和徘徊。

在那个时间节点，我们对行业做出了一个比较清晰的判断，开始强调自我生长能力。在 2017 年，我们进行了几个很重要的决策：第一，销售战略从跑马圈地变成有质量的增长；第二，产品战略从中小产品变成“中小 + 中大”产品；第三，公司战略在高度重视销售业绩的同时，把公司重心指向产品研发和客户运营。正是因为这一系列的决策，我们今天才会比较从容。从数据上来看，我们的成本费用明显降低了，但是人均单产和客单价却稳步提升，销售收入保持稳定增长。

3. 2018—2020 年

过去 3 年的投入没有得到兑现，是不是就说明中国企业级 SaaS 服务就没有希望了？我的判断正相反，在 2018 年年初我就判断 2018—2020 年将是中国企业级 SaaS 服务的春天，尤其是企业级移动 SaaS 服务。这 3 年必然会有一家甚至几家成功的中国本土企业级移动 SaaS 服务厂商脱颖而出，这些企业成功的标志是：拥有超过几万家有质量的付费企业客户，营收达到或者超过一亿美金，并开始初步盈利或者没有亏损，能够在海外或者国内资本市场 IPO。

（二） 中国企业级 SaaS 服务的伟大未来及实现途径

也许有人认为我对未来的判断过于乐观，毕竟目前中国企业级移动 SaaS 服务市场营收过亿美金的企业寥寥无几，市值过 10 亿美金的企业更是凤毛麟角，那么我为什么会做出这样一个判断呢?

1. 先来做感性的认知

我们比较一下 1984 年的中国制造业，当时遍地都是洋火、洋油、洋钉、洋灰，中国家庭里几乎都没有家用电器。一方面中国生产不出来；另一方面中国老百姓既没有支付能力，也没有这方面的需求。当时的中国工业如一片荒漠，所有人都觉得没有希望了。从 1990 年到 2000 年，老百姓的需求如井喷一般，有钱都买不到想要的商品，10 年间，几乎每个家庭都装上了电视机、冰箱和洗衣机等家用电器。中国有 3000 多万家成型的企业，但有哪些企业真正有自己的信息化系统？伴随着中国经济高速发展的红利基本消失、人力成本不断攀升，未来企业间将是管理效率的竞争，企业没有信息化就相当于“盲目奔跑”，我相信中国 3000 多万家企业都不愿意在提升管理效率的过程中“盲目奔跑”。无论是互联网平台还是传统行业，都需要利用云服务、大数据和人工智能等先进的信息化手段来实现降本、提效和增收。这就相当于 20 世纪 90 年代，中国 4 亿户家庭不可能拒绝电视、冰箱和洗衣机一样，而且企业的支付能力和理性程度远远高于家庭。

我做过这样的类比：一个人有骨骼、肌肉，也有神经系统，当一个人的手被火烧到的时候，手会马上缩回，这就是神经系统发挥了作用。一个企业有工作流、业务流，但是国内的大多数企业没有数据流和信息流。这就像人没有神经系统一样，当没有信息流的企业进行决策时，企业决策层只能依靠“拍脑袋”。企业在享受经济高速发展的红利期的时候，“拍脑袋”的决策方式往往不会对企业发展造成太大的影响。然而，当经济高速发展的红利出现下降，管理效率、管理质量和管理能力开始发挥主导作用时，企业如果没有自己的数据神经系统是极其可怕的。

举个例子，你的企业在外地开了一家分公司，你不可能天天盯着，但你一定要对它有感知，这种感知一定是数据感知。为什么这样说？假设一个情景，你的竞争对手在当地市场做了促销活动，你跟进不跟进？如果盲目跟进，成本就会提高；如果不跟进，可能会丢失一部分市场份额。这个时候，企业应该怎么做决策？一定要依赖一手的市场数据做决策。

在数据时代，中国千万家企业不应当“盲目奔跑”，每家企业都应当建立自己的数据神经系统，或者说企业数据智能系统。

2. 再来做理性的分析

首先看客户需求，虽然说 2015—2017 年企业级 SaaS 服务领域的业绩没有得到兑现，但是客户得到了教育和成长。客户受到两个因素的影响：

一是技术的进步。过去几年，新型 IaaS① 企业如阿里云、腾讯云、华为云、金山云、百度云等都有数倍的增长，UCloud、青云、七牛云等企业也都拿到了 10 亿元至几十亿元的融资，如此多做云储存的 IaaS 层企业已蓬勃破土，让客户意识到了云计算的价值和优势。

二是经济环境使然。经济增速持续放缓、人力成本持续攀升，倒逼

① 基础设施即服务。

企业重视管理效率的提升，企业对于企业级 SaaS 服务的需求高涨。尤其是伴随移动互联网的高速发展，对企业级移动 SaaS 服务的需求更是如此。对于企业来说，什么是最关心的？那就是业绩，所以说移动 CRM 未来仍将是企业级移动 SaaS 服务的核心应用。

再来看厂商的自我驱动。经历了“野蛮生长”阶段后，企业级 SaaS 服务市场进入了一个良币驱逐劣币的过程，一些商业模式不好、团队能力不足的厂商将被淘汰出局，而经过市场验证的厂商也在积极地对原有的商业模式和管理能力进行优化调整，不断提升产品研发、客户服务和市场营销等方面的能力，以期为客户提供更高质量的产品和服务。

那么，什么样的产品才是中国企业需要的呢？过去我们常常听到一种说辞——做中国的 Salesforce，但实际上 Salesforce 适用于高度成熟的欧美企业，并不适用现阶段的中国企业。中国的企业级移动 SaaS 服务一定要贴合中国企业的需求特征，要具有中国特色。

以红圈营销所在的移动 CRM 领域为例，我们认为应该聚焦在以下几个方面：

一是匹配中国垂直行业特性。一款通用版的移动 CRM 软件产品绝对满足不了市场需求，各行各业有着截然不同的流程与机制，产品一旦深入企业内部流程，往往需要定制化，但一旦进行定制化就会与 SaaS 的商业模式相悖。因此，我们在快消、农牧、医药、家装建材等行业做了垂直布局，开发出行业版解决方案。

二是匹配企业规模。我们把中国企业按照规模划分为小微（30 人以下）、中小（30～300 人）、中大（300～1000 人）、大型（1000～5000 人）及超大型（5000 人以上）五类企业，不同规模的企业对软件产品的需求不同，一家厂商不可能覆盖所有规模的企业。例如小微企业，虽然数量众多，但是人员少、生存周期短且支付能力有限，对付费的企业服务软件的需求不那么强烈，而大型和超大型企业需求往往过于个性化，很容易陷入定制化开发的模式，所以红圈营销主要聚焦于中小企业和中大型企业，为他们提供贴合自己需求的产品与服务。

三是匹配企业的销售模式。中国企业的销售模式大概归为四大类型——零售型、分销型、项目型及电商型。红圈据此设计了一个“底座+四款产品”的产品矩阵，一个底座是红圈通，解决企业内部的沟通协同、审批、组织、客户和连接等通用功能，四款产品分别是在匹配四种销售模式上长起来的红圈营销、红圈订单、红圈 CRM 及红圈电商。

四是对大数据、人工智能等新技术的应用。通过运用前瞻性的技术帮助企业做出更加精准的决策，辅助企业快速成长。举个例子，红圈正在服务的一家酒水公司，有四五千个销售人员，每个人都有自己的销售习惯和销售能力，通过统计分析销售人员的行为、过程和业务等数据，为他们匹配出最适合的客户。例如这家酒水公司有 5000 多家代理商，每家代理商至少覆盖几十个零售终端，而每个零售终端能覆盖几百上千的消费者，通过分析消费者的消费数据，我们能够清楚地了解该区域消费者的消费倾向和购买能力，通过智能推荐展示产品而让产品更好地匹配消费者需求。这样一来，消费者、零售终端、代理商、酒水公司和我们都能够受益。

实际上，2018 年以来企业及 SaaS 市场的发展也印证了我年初的判断，尤其是下半年，猎聘网和极光大数据分别在中国香港和美国上市，微盟也提交了上市申请，而美元基金也在积极地进入中国企业级 SaaS 服务市场。像上上签、Udesk 等已经拿到了数亿元的投资。在这里我可以大胆地预测，2019—2020 年美元基金将会大量进入我国企业级 SaaS 服务市场，未来会有批量的企业级 SaaS 服务厂商实现 IPO。

虽然中国企业及企业级 SaaS 服务市场的起点低，但我们处在一个效率提升、产能升级的时代，能够用更多的创新、最新的科技，再加上各行各业供给侧优化改革的推动，使我国企业级 SaaS 服务获得平地起高楼似的发展速度。

我关注了 2017 年一些老牌企业服务软件厂商的发展，发现包括用友、金蝶、泛微和蓝凌等厂商，在 2017 年 GDP 仅有 6% ~7% 增速的情况下，均获得了超过 20% 的业绩增长，他们的市值也有大幅增长。IDC①2018 年公布的中国公有云市场报告中提到，虽然中国和美国的差距很大，但中国企业级 SaaS 服务市场份额已经位居全球第二。我们有理由相信，未来中国企业级 SaaS 服务市场能够发展到跟美国一样的规模，甚至比美国的规模更大。

欧美的企业信息化发展了 40 年，经历了 3 个大的阶段：第一阶段涌现了以 1972 年成立的 SAP、1975 年成立的微软、1977 年成立的 Oracle 等企业为代表的传统企业软件厂商，他们的市值在 1000 亿 ~6000 亿美金；第二阶段出现了以 1999 年成立的 Salesforce、2004 年成立的 ServiceNow 等企业为代表的企业级 SaaS 服务厂商，他们的市值在几十亿至 800 亿美金；第三阶段是近两年涌现出的 AI 企业 SaaS 服务创业公司，他们的估值在几亿至几十亿美金。

我的判断是，未来 7 ~10 年，欧美信息化的三波发展很有可能在中国同时发生，到 2025 年左右中国企业的信息化程度将和美国企业达到同等水平。中国可以用 40 年的发展追上美国 200 年的工业化，我相信我们用 10 年时间追上美国 40 年的信息化一点问题都没有。相比美国，我们有更高的经济增速、更大的企业客户基数，随着企业管理意识的普遍提升，中国企业正经历从粗放增长到效率增长的阶段，企业级移动 SaaS 服务将会迎来快速发展的阶段。

---

① IDC 是全球著名的信息技术，电信行业和消费科技咨询服务专业提供商。

当然，因为中国还处在工业化后期的开始阶段，信息化、数据化也刚刚开始被认知，所以中国企业级 SaaS 服务的发展路径仍然任重道远。无论如何，对企业级 SaaS 服务来讲，现在正是最好的时代！

刘学臣，红圈营销创始人、CEO，北京大学 MBA，北京大学创业投资研究会副理事长，曾任中国五矿进出口公司业务经理，于 2000 年辞职下海，先后创办烟台白玉食品厂、北京东方奔月科贸有限公司，并于 2009 年创办和创科技，推出红圈营销移动销售管理云服务，并在业内提出“移动营销管理”“蓝冰市场”等理论，被誉为我国移动互联网领域从事移动销售管理业务的第一人。

二、

SaaS 产业的三种模式

任向晖　明道创始人

每个 SaaS 企业都应该找到某一种快速成长之道，但绝非同一种。我把当前的 SaaS 企业根据细分市场归纳为行业性、职能垂直性和通用性三种类型。每种类型因为市场环境的特点各成一个小世界，也对应了一种大致的增长模式，这些模式应用到不同企业以后，反映出的是企业层面的行为特点，如果我们把企业比作人，感觉就像人的个性一样。如图 1－1 所示。

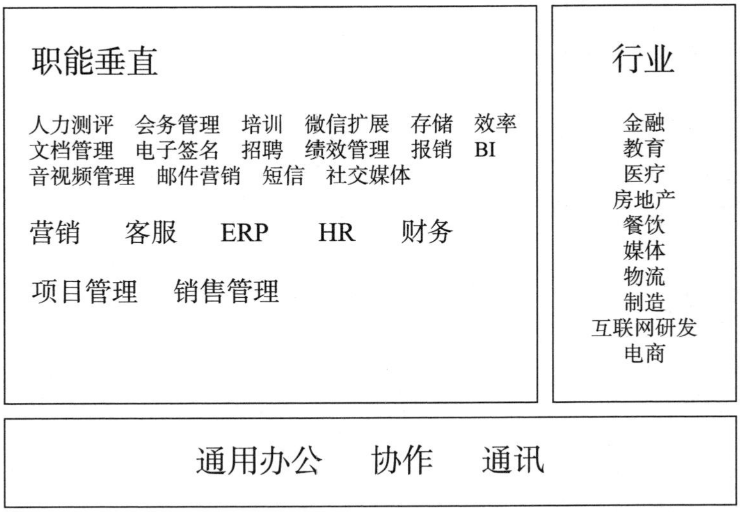

图 1-1 企业层面的行为特点

（一） 行业性 SaaS

定义：解决一个特定行业的特定环节商业问题，例如餐饮业的会员、收银管理，航运业的订舱、报关环节。

典型厂商：二维火（餐饮）、明源（地产）、乐舱网（航运）、别样红（酒店）。

1. 行业知识密集

因为着眼于解决特定行业的具体问题，这类厂商需要对本行业的运营方法和痛点有非常具体和深刻的认知，甚至要能够量化他们使用软件来解决这个问题的成本和收益。例如餐饮业软件厂商需要了解连锁饭店的运营过程、效率关键点、当前痛点和成本收益关系。

这个看似本能的需要在实践中并不容易，我把它称为软件和产业之间的鸿沟。在 SaaS 时代之前，这种需求和实现的桥梁依赖行业中的领先企业、咨询公司、系统集成商和 IT 外包服务商之间的复杂协作，虽然能够解决客户的问题，但是代价高昂、进度缓慢，在今天的竞争度下，已经很难满足企业的需要。

在这轮 SaaS 投资热潮中，很多项目是垂直行业性质。创业者来自软件行业或者垂直行业，但是能够把两种能力有效结合，多快好省地做出一个多租户软件平台来满足行业企业需要的案例并不多见。

很多产业人低估了设计，开发和运营一个多租户 SaaS 平台所需要的技术积累，所以往往低估项目所需要的投资和实践，实际的开发复杂度和周期比预计的要高很多。反过来，很多软件人高估了自己对特定行业的需求理解度，往往第一个版本根本无法命中和解决客户的现实问题。

我认识的一家酒店业 SaaS 企业在拿到投资后甚至涉足了酒店管理业务，要么因为能力过剩，要么是为了在实际运营中调校和增强软件产品。

所以，对行业的理解力是行业性 SaaS 企业的第一能力。

2. 客户标杆效应明显

一个行业软件打开销路的最短路径就是快速获得行业 Top 客户。在理想情况下，如果一个行业内有明确的 Top20 企业，拿下一半以上的客户几乎可以奠定胜局。这个胜利不仅可以继续吞噬 Top100 中的其他企业，更能够对行业中的中小企业起到绝对有效的示范作用。

问题是竞争者也会这么做，如果不幸有四五家企业追逐同一市场，麻烦就来了。如果平均每家企业拿到 Top20 客户中的 4 ~ 5 家，构成势均力敌之势，同行之间将陷入痛苦的博弈。

因为行业软件和客户企业业务深度的耦合，客户更换供应商并不容易，所以在将来的竞争中，任何一方都要花费更大的力气才有可能重新获得优势，如果破局失败，这个行业就容易陷入供应商零散、议价能力低下的噩梦。

所以，行业 SaaS 增长的第一要诀是早期的爆发力和快速突进。当然，要支持这一点，产品本身解决客户问题的能力必须非常突出。和竞争者比较，你最好第一次做对更多的事情。

3. 交易导向和商业模式多元

行业 SaaS 几乎必然是交易寻向的，餐饮业 SaaS 需要处理顾客和收银数据；酒店 SaaS 需要接入订房交易；航运业 SaaS 需要完成订舱操作。既对软件厂商提出了复杂度挑战，也带来了商业模式拓展的机会。

在后面两种 SaaS 类型中，软件和服务收费可能是主流，但在行业 SaaS 中，将收益和交易挂钩在很多行业都是可能的，即便不是和流水金额直接挂钩，也可能基于交易笔数、客户数量等直接反映客户收益的因素。

早期的创业企业之所以很难让客户根据收益绩效付费，无非是因为议价能力不足，但如果 SaaS 企业成功地获得了较大的市场份额，议价权自然会产生。这时候，再来完成商业模式的转换也是可能的。

如果能够连通产业的上下游交易，还可能从上游销售中获得佣金收益，它甚至和面向客户企业的软件收费不矛盾。某酒店业 SaaS 就同时使用了软件年度固定收费和订房佣金两种混合的商业模式。

小结：针对行业 SaaS，最重要的能力是行业理解力，最重要的增长模式来自早期的市场份额快速攫取，充分利用标杆客户效应，一旦竞争优势确立，更有机会发展多元的商业模式，提高创收和获利能力。

（二） 职能垂直性 SaaS

定义：解决企业特定职能的数据和业务流程管理问题。

典型厂商：销售易（CRM）、知人（HR）、RFC（财务）、M1 云端市场部（营销）。

1. 管理技术决定软件设计

我常常听到的行业论调是企业刚性的需求是什么，我们就从什么切入。例如 CRM 就是一个重灾区，因为这种肤浅的行业判断非常容易雷同。

一旦竞争展开，厂商可能不得不在选定的细分市场中重新寻找定位，但恐怕更多的动力已经是来自规避竞争，而不再是着眼于解决客户问题了。

我相信一个职能型的专业软件必然背靠一整套成熟的管理技术，而且设计者将其抽象为能够跨越具体企业差异的范式。财务软件的知识基础来自平衡记账法、财务指标分析、财务报表使用、税务合规等领域；销售管理软件则基于销售漏斗模型；营销自动化软件则需要理解营销战役（campaign）的框架。软件的设计者必然是掌握了相应管理技术的专业老司机。

但我并不是说不能基于管理技术予以创新，也不是说专业老司机一定需要十年、八年的积累，但快速学习和创新一定是基于被企业已经接受的管理概念和基本方法。完全天马行空的企业 SaaS 是不可能存在的。

美国有一个 CRM 产品叫 Pipedrive，它在交互设计和通信社交应用的整合方面做得特别好，价格也比较亲民，但是它依然完全基于 Sales Pipeline（销售漏斗）的基本方法。

新西兰诞生的 Xero 是一款挑战 Quicken Online① 的财务 SaaS，它在特性精简度方面独辟蹊径，还和中小企业的订单、发票和收款管理功能

① 一家美国公司推出的个人财务管理软件。

结合起来，深受欢迎。但是它必然基于 100% 标准的财务记账和报表要求，而其中的 VAT 计算模块更是标准中的标准（很遗憾，它的计算模式在中国就很难用）。

所以，职能型 SaaS 的第一能力是专业知识。

2. 行业差异依然存在

职能性 SaaS 能够服务跨行业的企业，但并不代表它能够通行所有的行业。也就是说，同一个职能领域的 SaaS 产品依然可能被细分为若干市场。最典型的案例莫过于客户关系管理（CRM）领域。

B2B 客户的最密集需求在于销售漏斗管理和分析；消费品客户需要的可能是渠道业务管理和营销自动化；电商企业则可能需要把客户关系管理建立在电商平台生态上。想要做出一款满足所有行业客户的 CRM 产品是绝无可能，也是毫无必要的。

同样的道理，即使在看似通用的 HR 和财务领域，不同规模和业态的企业也有不同的需求组合，有些行业非常看重绩效管理和成本计量，有些行业关注的是简单易用，后者可能消极到根本不会引入这些职能应用，或者用更加通用的工具来替代。了解行业差异虽然困难，但在职能 SaaS 运营的过程中，自然可以通过客户的行业集中度找到答案。

在这个领域内，有企业受压于客户的定制需求（因为通用版本产品缺乏针对性），所以在应用层之上建立开发平台（PaaS 或者中间件），试图依靠灵活的模块组合、流程的可视化编辑等来服务更多差异化的需求。这不是没有可能，但是它的奏效依然要求产品厘清和选择了核心目标市场。

反过来说，你的目标市场越是清晰，用艰涩的 PaaS 来进行二次开发的必要性就越小。所有的 SaaS 产品都应该尽可能规避二次开发，无论是需要写代码还是免代码。因为 SaaS 企业不仅需要降低客户的首次部署成本，还要保持产品迭代的敏捷性，一个有中间层的 SaaS 在大幅迭代中举步维艰。

3. 客户部署难度高

既然职能性 SaaS 需要提供某一种管理方法和技术给客户，就需要假设客户之前并不一定完整掌握背景知识。SaaS 软件的部署其实和传统软件的部署已经不是一个概念，它几乎不需要技术性工作，更多的是帮助用户建立应用环境、正确配置、准备基础数据。这些虽然不需要服务商百分之百了解客户的业务运作全部环节，但显然不可能完全脱离客户的具体情况。

例如销售管理中的漏斗阶段，每个客户都可能有自己的合理定义，如果不能在这个基础设置上达成共识，那么所谓的销售管理只能起到微弱的销售记录作用，客户得到的产品价值会大打折扣，黏性也会降低。

为了降低这种软性的部署难度，SaaS 企业需要设计和实施客户成功服务，建立标准的流程，让软件启用的时刻就带来价值，客户就会离不开你。反之，如果我们急于完成销售，规避义务，就容易造成客户用不起来、轻易放弃的后果。

所以，职能性 SaaS 的增长需要更多的选择智慧和服务耐心。筛选后的细分市场一定有更好的产品需求适配度，部署难度也大幅降低，不仅更容易快速获得客户，还能够实打实地让这些客户从软件中受益。

（三） 通用性 SaaS

定义：解决企业用户普遍的工具和效率需求。

典型厂商：钉钉（通信、办公）、明道（协作）、WPS/一起写（文档）。

1. 适用面广，市场空间大

这个不用多说了，总有一些需求是不需要也不值得为不同人单独设计的，因为 80% 的用户需求特点都一样。就像 Office 软件从来不会有行业版或者职能版。

通用性强带来的好处就是市场空间广大，坏处就是营销上有挑战。SaaS 企业要么有强大的资金实力，要么有突出的营销能力，能够快速影响大量用户，仅仅是徒有产品是不够的。

在 B2B 市场，能够奏效的营销渠道总体是非常有限的，所以即使是这个品类的 SaaS 也通常会从一些早期用户集中的行业来进入，逐步扩散到更多行业。

在 SaaS 时代之前的传统 OA（办公自动化）软件基本都是从政府机构用户开始进入的，因为政府机构用户在电子审批方面有一些独特而明显的痛点；另一个例子是美国的 Documentum①（后来被 EMC② 收购）是一个文档管理软件，看似足够通用，但它也是通过医药行业掘到了第一桶金，因为药企在申请专利和 FDA 认证过程中特别需要这个解决方案的帮忙。

今天我们协作领域的任务管理应用其实也正在从特定行业走向更多行业的过程中。

2. 容易发生同质化竞争

通用产品市场如果不能建立网络效应，那么就很容易陷入同质化。当一款软件稍稍流行以后，非常容易被拷贝，因为客户集中度还远远不够来抵御竞争。在中国市场，这个问题尤为突出。像现在的移动 OA 产

---

① 一家提供企业内容管理软件解决方案的公司。
② 易安信，一家信息存储资讯科技公司。

品，打开 10 个不同的产品，基本长得都一样。

这个问题并没有灵丹妙药，唯一的解药可能在于企业持续迭代的能力。一方面要求 SaaS 产品拥有优异的架构；另一方面要求企业能够在 2～3 年的周期频率内大幅度地更新产品。使用最新架构来设计开发的后发优势通常能够抵消早期进入企业的先发优势，始终保持优势就是要反复和持续地革新自己。这个规律在所有的大众 IT 产品中几乎都是存在的。

3. 客户黏性建立困难

通用 SaaS 面临的另一个重要挑战就是黏性的建立。工具类产品受制于使用频度，协同性产品受制于用户的集体约定和习惯养成。虽然前面所讲的职能性 SaaS 也存在一个部署困难的问题，但这两类产品要解决它的途径可能是不同的。

通用产品并不存在围绕企业具体环境配置和部署的问题，但存在对用户的产品教育问题。我们通常不愿意把产品做复杂，这本身没有错，但错在 SaaS 产品通常会高估用户的使用意愿和能力。

类比游戏产品，一个精彩的开场动画也许能够吸引一些玩家，但是如果第一个关卡把用户弄得云里雾里，玩家饱受挫折，那么再高级的游戏也很难笼络用户。

娱乐产品尚且如此，效率工具更加难辞其咎。所以，在产品中建立完善和耐心的用户上手指南也许是克服这个问题的唯一办法。

苹果公司的一份内部备忘录显示了 iOS 在后期的某个版本中加入了“提示”这个预装应用，来提供一些最基本的操作特性指南。

为什么连 iPhone 这样的用户体验上佳的产品都需要做这些工作呢？如果你看到父母是怎样用 iPhone 的就会理解了。明道的日程协作本来是一个非常简单的应用，但后来我们通过用户调查发现，在职场上有超过一半的用户从未使用过任何日程软件来管理时间，所以你仅仅开发一个功能是不够的。

越是大众的产品，越需要假设所有的用户都是消极的。用户如果没有机会体验过第一次愉悦，几乎是不可能养成习惯的。

我在这里描绘了 SaaS 产品的三个小世界，总体上指出了各自的问题，而且挑战是多过资源和解决办法的。我无意打击你进入和继续做这个行业的信心，本来你就需要依靠挑战来建立自己的壁垒。

因为越来越多的投资和竞争，行业内难免有一些基于竞争比较的讨论，对同行的认同或指摘。但 SaaS 软件将会成长为一个大产业，内部必然会多元化，就像其他任何一个大产业一样。

任向晖，明道创始人，毕业于上海对外贸易学院和中欧国际工商学院，多家广告和软件产业行业协会理事会员。国内最早的网络广告专业网站《网络广告先锋》创始人，梅花网创始人。2015 年被马云创办的湖畔大学录取为一期学员。

三、

SaaS 4.0 业务场景持续重构与产业互联网

王甲佳　时间链理论创始人、场景构造学学者

企业的数字化转型是对企业组织资源方式的不断重构，具体的外在体现是对业务场景进行持续地再构造，以确保组织在市场上服务能力高于一般的同行。现实意义的业务场景到底是什么？它的构造需要哪些资源？这些资源是什么形态？这些亟待明确。业务场景的连续性要求再构造过程必须注重流程的严谨。随着泛 IT 的渗透进程加快，行业 SaaS 将引领企业转型大势。从属于大工业（尤其是消费资料生产的大工业）的能力单元从有限的供应链中释放出来，融入更广阔的供—需网络中，增强其复用概率，必然带来生产力在本质上的大解放。

企业为什么要转型？市场竞争力下降了，但是企业还想活，那

就需要换套路继续存活，这就是转型。结果往往是企业的市场环境变化更快，于是转型就成了常态，就成了一个挂在企业家和高管嘴边常用的专门的词汇。

企业转型到底是什么东西呢？众说纷纭。我理解的转型是对业务场景的重新构造。对业务场景的组成元素的排列组合方式进行结构性调整，并适当进行元素的吐纳，以形成企业经营系统所需要的新的序参量。

企业经营系统的序参量是什么？就是优于同业竞争者的资源组织方式与基于技术特质的特殊能力所构成的核心竞争力。企业需要优秀、可持续、自适应的经营系统，这需要企业当家人及其核心团队具有极强的构造能力。建构什么呢？服务客户乃至客户的客户的体系。这个体系越来越以场景化的方式呈现。换言之，这个系统的序参量就是业务场景构造力。

企业的业务场景到底是什么？企业业务场景就是连续剧，不完全被剧本控制的连续剧。为客户提供一个可以依赖的价值交付环境，并渗透到客户价值创造过程。我初步总结它有三个特点：

一是连续发生。这和 To C[①] 的离散特性相对，To B[②] 场景具有流程化（生产）的特性。大部分情况下，具体的业务场景不是孤立存在的，有上下游及环境“呼吸”的特性，场景要素及场景价值的输出输入有内在规律。

二是效能诉求。这应该属于企业这类组织特有的经济性。经济组织的利润产生是基于服务效率的。简单地说，就是规模经济，我的一种服务能力可以在单位时间里多次服务，产生更多订单的交付，固定成本迅速被分摊，赚得就多了。这应该是一个长期存在的道理，这也是和 To C 有极大差异的，To C 的许多场景并不讲究直接的经济性，甚至更

① 面向用户。
② 面向企业。

多的是在花费。

三是外部衍化。这一点完全是从趋势角度看的。“缓慢、坚定、不可逆”是否明显是我们对趋势进行研判的前提。现在的情况是“缓慢”不再是一个必然特征了，有些场景的变迁，可能就是“快速”的。但是“坚定”依然存在。企业管理的管理对象是谁？自然是内部。当我们用管理的手段与视角去看企业场景的时候，往往有太多悖论。换了视角，也就是外部性的视角，就不一样了。所谓外部性，就是企业作为一个组织者，以所管辖的价值链为基线，外购能力贡献的比例大于内置能力贡献的比例的时候，就是外部性特征明显的时候，“管控”就要变了。

连续发生就是连续构造。场景成为构造能力的输出物，成为企业与客户互动的界面或者载体。

（一） 从泛 IT 的技术角度看场景构造所需资源的四种形态

最近 30 多年来的 IT 及互联网发展，使得泛 IT 成为一种新工具、新方法、新动能。不仅可以帮助实现人、机、物全面互联，还有助于形成智能化发展的新兴业态和应用模式场景。泛 IT，具体在技术层面实际上是 5T 方面的深度融合，5T 就是“MT/OT/IT/CT/DT”。包括：MT（Mobilen Technology）移动技术；OT（Operation Technology）操作技术；IT（Information Technology）信息技术；CT（Communication Technology）通信技术；DT（Data Technology）数据技术。

泛 IT 的在线化进程日益加快，并融合更深，以 SaaS 形态存在，我将它初步分为 4 个阶段，也就是场景构造能力的供给侧资源。

1. SaaS 1.0 软件在线化阶段

产品的技术形态虽然具有 SaaS 的属性，但是产品逻辑依然是传统软件思维，只是软件的载体发生了变化。提供的价值依然是通过功能进行定价，不管用什么方式计费。

2. SaaS 2.0 服务在线化阶段

企业应用本身是服务交付的支撑工具，交付一般是线上与线下混合交付。企业应用是服务提供方的交付成本一部分，不是直接出售给客户的价值。服务在线化并不是服务数字化，但是服务的闭环可以通过在线方式部分实现与全部呈现。虽然只有极少的企业服务可以全部通过线上来进行交付，但是就整个趋势来看，随着服务的数字化水平提高，线上的交付比重必然越来越高。

3. SaaS 3.0 场景能力在线化阶段

服务商的服务能力，越来越成为场景能力，并且随时可以被用户调用。3.0 和 2.0、1.0 的最大区别是：前者（3.0）行为主体的场地已经切换到用户这一侧，而后者行为主体的场地是服务商这一侧。场景能力是服务某类及多类场景的能力，是可以被充分抽象的。用户一般用这些场景能力来进行业务升级，通过这些场景能力是融入存量的业务环境中的方式。场景能力通常是一个或者多个依次进入的。它们进入系统后，往往产生不同烈度的化学反应。

4. SaaS 4.0 场景构造在线化阶段

这则是转型，用吴声的话来说是创建新物种。在越来越多的场景能力在线化之后，场景构造的能力开始涌现，相当于“机器人造机器人”。有一个简单化的比喻是“电信套餐”，在拥有通话、短信、流量三种能力之后，可以面向不同受众推荐套餐组合，据说国内运营商的套餐种类，有些达到数百万种。“总有一款适合你”这个阶段，需要服务商与需求方深度协同，方能有突破。

这个演进的背后是泛 IT 在起作用，它们在促进场景系统力的绽放，它们的兴盛加快了作业权从供给侧向需求侧推进的过程。对于企业组织者而言，越来越少地感觉到供方的存在，供方提供的能力与环境，弥漫成需方场景的元素。

当然，这个阶段的划分不是完全线性的，企业可以“超越式”调用。它们之间实现了一个令人惊奇的场景：交互即交付。

另外，供方若持续加强这样的弥漫，那么它的能力将逐步成为基础设施，所提供的产品属性具有鲜明的公共产品属性。质变就要来临。

（二） 加减乘除：场景改善的基础技术

持续的业务场景构造不是一个简单的“颠覆式的革命”，而是一个渐进的过程，需要日常化。当然，迭代速度也要加快。具体描述如表 1－1 所示。

表 1－1　可能的场景状况及其价值贡献描述

+	1. 增加控制点，降低订单履行过程的可能风险。增加控制点本质上并不增值，但往往是现有资源与能力结构下有效过程的保障手段，其作用类似于交保险，可以规避过程不确定性引发的潜在的风险。2. 将一个活动分解成两个或者多个行为主体进行操作与控制，以得到更有利的分工。分解可能会造成系统成本增加，也可能较大幅度地降低以前活动的垄断危险，既而降低显性的与隐性的成本。总体来看，此类分解是增加系统价值。	1. 增加稽核点、工艺检查点、质量控制点。2. 前面案例中销售人员的活动分解到 4～5 个岗位协同完成，增强了组织能力。

续表

-	1. 减少控制点。如“+”里面所说的，许多控制点的形成是局限于当时的资源与能力结构，随着外部环境的改善尤其是基础工作质量的提高，这些控制点已经没有存在的必要。2. 减少活动环节，原来在订单履行的价值链上是增值的活动，后来演化为不增值的活动。这需要一个动态的观察方法，对同类业务在这个环节上的价值活动进行再次分类，再确定具体改善方法，通常是由于“事过境迁”引起的。	1. 有一个工序工作要求很精细，为每个作业小组都配备了检验人员，增加了检验控制过程，后来由于操作技能培训与设备条件的改善，单件控制可以变成抽样控制。2. 对于周转频率很高的，如 10 多个小时就周转一次的订单的产品进行传统进出库管理需要 3 个环节，后来发现没有增加价值，甚至带来麻烦，简化为只有 1 次转换的环节，也就是直接按照车厢大小进行装前准备。
×	某一个具体活动被改善，可以用于同一类的或者同一逻辑的业务活动中。	某一类销售订单在确认之前的串行审核变成并行审核，形成了优秀的增值活动，赢得了内外部的满意，可以复制到其他销售订单的处理上，同时可以进一步挖掘组织里面是否存在具有串行性质的活动，并思量是否可以进行并行改善。实践证明，90% 的审批工作是可以由串行演化为并行为主的方式。
÷	这是一个高级方法，涉及企业的业务策略以及战略调整，事实上是批量地减少对某一类或者某一组合的资源的占用，批量释放出能力为核心业务或者新业务所用。这一点很难，但是很重要。	例如通过产品品种的减少，积聚资源的调用优势，事实上就是缩小对客户的服务范围。

（三）场景重构

前面的加减乘除说的是场景改善的基础技术是一个量变的过程，对于一些新的产业元素，如果可以迅速引入场景结构，往往会发生场景重构的现象。

场景重构，有一种是新元素进入，对其他元素的关系构成影响，被迫改组，这种新元素往往作为一种制约变量存在，成为系统变化的序参量。这是一种入侵式的重构，我解释为是硬重构，往往具有革命性、颠覆性。在企业经营的形态中，有不少场景是这样的。

还有一种则是存量元素并无变化，或者说新进入的元素并不具有第一种方式的特性。就是因为内部的组织关系、配置关系发生变化，引起系统的内在属性发生变化。这是一种渐进式的重构，我解释为软重构。今后我们研究的大部分场景都是软重构，软重构的特点是对场景结构“分子式”的持续升级。

场景的连续性与流程的严谨性有千丝万缕的关系，它们都是基于业务的。场景在内涵方面比流程大，流程在外延方面比场景大。总体来看，流程是场景的一个表述维度，一个认知子集。对于场景的描述往往具有一定的灰度，但是对于流程，一般都比较具体。这两者不能偏废。场景更多的是对客户来说的，而流程是我们面向客户的交付保障。

我们讲“端到端的流程”，其实就是在说一个相对闭环的场景。

企业的场景在不停地重构，不停地在数字化重构。最终涌现出来的，不是我们看到的事物的线性发展，而是一个新的“物种”。不，是“物种”不能表达的东西。生产关系的改善或者革命可以解放生产力，科学技术的进步也可以解放生产力。生产方式的变革是最直接的、最和谐的、最低成本的解放生产力的路径。就我们熟悉的情形来看，将从属于大工业（尤其是消费资料生产的大工业）的能力单元从有限的供应链中释放出来，融入更广阔的供—需网络中，增强其复用概率，必然带来本质上的解放。这个解放是进入一个有秩序的经济世界，一个更低的资源消耗，更少浪费的经济世界。

（四） 场景持续再构造过程中的重要行为原则

1. 最大限度地尊重同事对于工作责任安全性的需求

很大程度上，业务流程的改善属于心理博弈，如果我们能多了解心理学的知识，可能有很多好处。除了利益与习惯上的冲突外，人们面对变化通常会感到不安全，尤其是工作责任心强的人，“这样做，我会不会更容易出错”是他们内心的疑问，利益和习惯可以通过制度一类的行政手段去处理，但是心理的调适只能通过“场”——一种气氛去熏陶。有时候我们也困惑，一直以为抵制改善的人，会是那些工作不怎么负责的人，其实在许多场合是相反的，不过一旦你让他们感受到职业责任的安全感不会受到影响，所得到的拥护也是空前的，这点值得我们高度注意。

2. 在调整后的业务流程的支撑条件没有形成之前，坚决不提刚性要求

任何一项变革或者小的改善，绝对不是意识切换那么简单，需要许多内外部的支撑条件，这些如果不能到位，贸然提出刚性要求一定会出大问题。这通常是“一刀切”的结果，需要规避。

3. 时刻警惕不要将表面上不增值，事实上却可能是核心价值的东西丢了

例如在一个企业给客户送货，一定要配上自己的装卸员，在做价值链与业务流程分析的时候，很多人都感觉到装卸的动作可以由司机或者客户的工作人员完成，甚至与一些客户达成了协议，1 个月让渡 1000 多元，让客户的员工负责卸货。后来通过试行发现了问题，原来这个企

业的实物质量与同行相比没有特别之处，就是在卸货上有学问。例如会根据客户场地的变化，灵活地放置，同时还对入库产品进行重新标识，这项工作做习惯了，大家感受不到价值，一旦放弃，就感受到独特价值。所以，在改善过程中遇到“反弹”的时候，一定要做两面的分析。

（五） 行业 SaaS（产业互联网）兴盛下的转型展望

前面谈的大部分是单体企业的情形。在场景重构过程中，不停地有能力资源被社会化，分为主动社会化和被动社会化。这样，它就有条件进入行业 SaaS，融入前面谈到的场景构造资源的四种形态。

企业的网络化生产关系开始萌生。

制造业领域的信息化基本上有三个层面：管理信息化、装备信息化、产品信息化。两化融合的特别诉求在管理信息化与装备信息化的融合上，长期以来两者以各自的逻辑在发展，虽然装备信息化兼有工业化与信息化的特点，但是它仅仅是工业化与信息化结合的浅层次，我们更需要对能力单元充分赋能。所谓单元能力，就是由人、机、料等资源构成的，可以完成特定生产任务能力的组合。

诚如，不仅仅是生产力的重大提升，更是生产方式的重大革命，也是网络化生产关系的萌生。

每一个单体企业都将发生这样的变化，一方面是消费者的需求力量所促使；另一方面就是现代信息技术提供了充分的条件。这个在电子商务领域已经初显端倪。过去我们去商场买东西，需要在商场开门的时候，和营业员进行沟通和交易。现在你可以半夜上网，比较几十种商品，挑上心仪的，不用说话就下订单了，付款和物流都有专业的公司为你服务，你需要做的就是签收快递。这种情况在商业里面相当普遍，在制造业里面同样逻辑的事情也已经发生了，只是我们觉得整个变化还有待时日而已。

（六）单体企业的变化如此，产业集群又如何呢

过去，产业集群都是以地域为主要聚集特性。互联网的兴起，使得产业集群有了新的内涵，那就是在物流和信息流有新的载体而且得到几乎与传统产业集群一样的集聚效应的时候，产业集群本身也发生了蜕变。换句话说，即便是许多“长尾”，也有一定的方式进行集聚。我们清楚，集聚的最大特性是群体里面的各个经济组织的高度渗透和相互依赖，好比一个热带雨林的生态系统一样。

行业 SaaS（产业互联网平台）的雏形在许多大企业做供应链系统的时候就有了，不过它是相对封闭的，以单一品牌商的供应链为主体。行业 SaaS 则以多个品牌商为主体，若干成员加入，事实上一个行业的最终客户是另外一个行业或者多个行业的供应商。例如电气行业同时为建筑装潢行业、基础设施建设等行业服务。

这样行业 SaaS 的兴起并能提早进入角色，则必定带来产业集群的伟大革命，个别觅得先机的品牌商甚至是协同商，则可能成为下一代集群中的英豪。

所以，行业 SaaS 就是产业集群数字化，它是对既有的产业集群进行集中式的信息化服务，以采用 SaaS 模式为主。这些集群一般分布在地市级或者县市级行政区域，可以通过与地方政府及行业组织的合作来驱动，但是切入点往往是诸如订单跟踪、集群内物流服务等，为集群做阶梯性的升级服务。

而数字化产业集群是通过既有的 SaaS 服务和背后的庞大老客户资源为基础展开的。它的落脚点一般也是订单，不同的是，通常是由采购订单切入。平台服务商为既有客户群体集中提供物资资源，包括钢材、

油品及棉花等，帮助客户节约采购成本实现价值。

当然，这些物资资源的供给者首先从既有客户群体里面选择，每类物资初始会有三五家获得推荐，渐次增加。物资种类也逐步增加，从生产资料到办公用品再到生活资料。帮助一批客户做采购，也就是帮助另外一批客户做销售。

循环之后，“内部市场”必将形成。不管是产业集群数字化还是数字化产业集群都忠于订单。

产业集群的优势在于最大限度地通过“合并同类项”来实现内部交易成本的降低，内部诸多能力单元得以充分利用，边际成本也降低。

SaaS 4.0 阶段，微观经济的结构变量将在数字化环境中呈现，企业的存在将是数字集群方式的存在，必将产生更多的经济现象，并涌现出新的经济规律。

王甲佳，时间链理论创始人，场景构造学学者，供应链架构专家，O2O① 践行者，中国第一本 O2O 主题小说《“轻店”掘金》的作者之一，苏州悦果互动信息技术有限公司执行董事。15 年制造业、传统零售业 CIO（首席信息官）工作经历。曾任温州市信息管理学会秘书长，北京大学 CIO 班同学会副会长等职。

① 线上到线下。

四、

SaaS 服务应用集成和生态该何去何从

叶翔　逸创云客服创始人

（一）企业 SaaS 应用服务集成和生态是不是个伪命题？集成 OR 覆盖业务

逸创云客服项目是从 2011 年开始做的，那时就在国内听到过企业应用服务生态的概念，当然在国外早就看到了。当时的企业 SaaS 服务还在萌芽发展阶段，也遇到过许多厂商要么是覆盖相关业务越做越臃肿，导致越来越不好用，然后变得没那么多企业用；要么就是孤立的，没有任何开放性。

做 SaaS 之前，我曾经深入学习过很多国外的 SaaS 产品。国外一些现在上市的 SaaS 企业，我在他们只有不到 1000 家企业用户的时候就开始学习和关注，深受熏陶，那时候我认识到以后的发展方向是做小而美，不做大而全，专注核心业务，然后用互补集成形成企业级服务生态。(SaaS 的方向确实是四面八方)

后来，我想和 CRM 厂商合作，方便客服在服务客户的时候获取第三方 CRM 的数据，同时便于企业使用。结果，发现在当时（2012 年）比较知名的 CRM 厂商，不要说集成了，连开放接口都没有。

在经历了一系列诸如此类的寻求集成失败后，我重新思考国内 SaaS 集成的定义和状况，也许是因为在早期还不够强，也许大家还没意识到 1 + 1 > 2，也许大家都想各自为政。

其实，我一直是倡导开放思想的，甚至竞品之间也可以集成互补。所以，在这里引出第一个议题：企业 SaaS 应用服务集成和生态是不是个伪命题？开放集成还是自己覆盖相关业务？

竞合是必然，现在已不是英雄时代，是联盟时代，谁要封闭、保守、不开放，谁就会被时代抛弃。对于这样的现状，究竟应当开放集成，还是自己把周边的业务都覆盖了做成巨无霸，功能变得复杂、臃肿？

首先，需要思考：SaaS 生态正逐步在国内形成，是否需要将企业级应用互相集成打通？又该如何去做？

在国内，两个流派都有拥护者。有的人现在做垂直行业，而且是原本没有系统的行业，CRM + BPM①，但开放接口。而有的人基本只干专一行业的活。现在大家的心态是矛盾的，一方面知道开放是必然之路；另一方面又害怕开放。

在早期 SaaS 发展的时候可能缺乏共享的意识，或者担心被复制。

① 业务流程管理。

现在发展成熟，各自 SaaS 都能成熟地往前走，都不再为生存考虑的时候，SaaS 集成生态是不是一条可以考虑的路子？还是都去做，涵盖周边所有业务？

事实上，国内竞争很激烈，连竞品都可以互补集成估计要被大家诟病。但国内 To B 业务形态复杂，在国内出现 BAT① 的可能性不大，SaaS 集成一定是大势所趋，而且有先天优势，都在云上。BAT 就是一个非常好的例子。首先要做得够专，有一定的规模，才适合做生态。而生态不是哪一家做的，是全体厂家共同努力的结果，大家都开放，自然就形成生态了，最终结果是让用户价值最大化。

然而，集成是大势所趋，但标准的制定和集成基于什么方式比较适合是两大难题。

这样的集成不是拷贝，是协调运作，联盟合作为企业提供全方位服务。但在这个过程中，客户会担心数据安全。

那么接下来，我们需要思考——集成的初衷！

很多在初期发展的早期小型 SaaS 企业可能会有这样的思想经历：想集成，想拓展，有实力的人都不理你；也遇到过要集成就找流量大户集成，快速增长，流量来了才是第一，没流量谁都不想和你集成，哪怕有刚需场景。

例如我在 2013 年想和一家类似竞品的 SaaS 产品进行集成，结果不了了之。2014 年才知道对方觉得我的流量还不够大、没意义。因为那块业务是我发展方向必须涵盖的，本想通过集成互惠互利的方式解决。结果后面是我们研发团队剥离一部分人去做这块业务的研发，事实上，我根本不想亲自做。

当时的集成方式对方就是导流的思想，没有太多地考虑企业用户的

① 百度、阿里巴巴、腾讯。

感受。例如企业想要数据互通，你只把用户打通了，企业需要集成用户放个链接做跳转等。事实上，导流是阶段性的，只是一方面，留存、购买和活跃才是主要的。如何在产品和业务层面留住企业才是比较关键的，通过集成来丰富企业的场景化需求，丰富企业的多元化需求，提高企业的迁移成本才是比较重要的。

如果是这样，每个 SaaS 企业需要如何思考、如何去做？所以，引出了第二个议题。

（二） 企业 SaaS 应用集成是以导流为主，还是为了方便企业场景化使用为主

互联网在互联一切，我们每一种应用的客户群都是“小流量”，但如果我们有一种胸怀，敢于开发与协同，加起来就可能是大流量。关键字：黏性、迁移成本、满意度。核心还是满足客户的需求，这也是产品的价值所在。目前看到的集成，多多少少带有导流性质的情形，但是导流最终会损害企业用户的利益。有可能场景根本就用不上，这时候必须要思考：到底是在为把企业做大而做大还是为了客户企业着想的问题。

导流涉及利益，这种连接往往是互相制约而不是互相开放。因此，从根本上说导流是错误的、是本末倒置的。我们做 SaaS，应该是一种部署在云端的服务，应该脱离产品竞争的时代，真正做好服务。实际上，应该竞争的不是产品，而是粉丝——这是互联网时代的气息。或者说 To B 是要稳扎稳打、方便企业客户，还是为了冲数据和流量？当然结合在一起并不冲突，在满足后者的前提下增强自己是最好了。服务好客户是目标，导流是结果，一旦涉及利益就不好谈了。

合作，要靠资本的力量，资本推动，背后有溢价，容易达成一致。但资本只是一方面，如果没有资本呢？基于当前利益的合作并不容易，

要放下，要舍得，必须要思想心灵先解放。在这点上，国内外差异还是很大的。可以思考一下，过去 15 年，国内谁跟谁合作愉快了？

下面我们来看看标准的 SaaS 服务应该具备的标准共性，如图 1－2 所示。

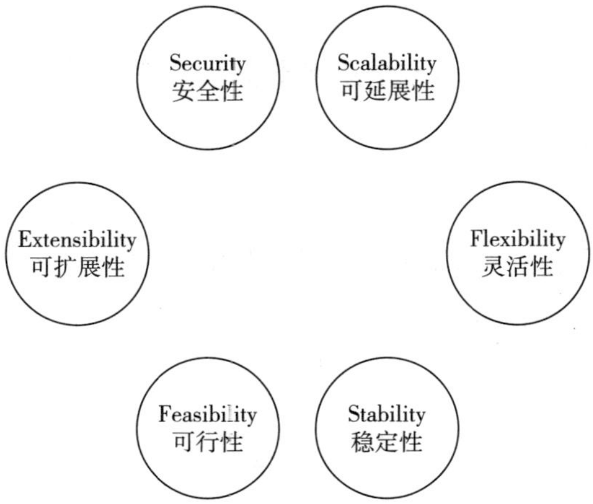

图 1－2　国外标准 SaaS 模型

在本次讨论中，其实我们就是针对这个图里面的 extensibility 可扩展性讨论。可扩展性其实就是针对企业用户场景的集成，企业需要什么、刚需什么、就怎么集成扩展。对于基于企业场景化的集成大致有几点：应用内获取外部数据在系统内操作、呈现以及传递；外部获取应用内数据在外部操作、呈现及传递；用户系统的正向打通；用户系统的反向打通；消息信息对外推送；消息的拉取、对内推送等。

（三） 如何看待企业级产品 extensibility 可扩展性

扩展性指的是对外扩展延展性。现在管理软件就是一盘散沙，SaaS 集成更是镜花水月，不是技术问题，而是地盘问题。软件服务这种信息产品，与物化产品属性不同，很多数据与流程的交互，是生命式的联系。

（四） 集成是不是必需的？对 SaaS 应用服务发展的推动力和价值

相信做企业 SaaS 服务的人们听到比较头疼的是各个客户各种奇葩的需求，要这里改一下那里挪一下位置，要定制化需求、要二次开发、要部署私有云等。我们是做客户服务产品的，属于深度切入企业业务场景的 SaaS 应用，企业对产品的定制化需求非常多，也给我们带来挑战和压力。

有客户提到他们在某个场景用的时候想看到某个用户或某个组的系统里的信息，他们自己又用的是某个第三方的企业 SaaS 服务（我称之为 A)，由于两个 SaaS 服务没有基于类似公共用户场景的集成，那么对于我们来说，这个客户的需求就是多出来的定制化需求；对于 A 来说，这个客户也可能会因为要使用我们的服务来推动 A 进行二次开发。

为了某一个企业的需求，要推动两家 SaaS 企业联合，使用额外的人力来满足，完全是费力不讨好的事情，而且最重要的一点是没有可复制性。如果两家 SaaS 企业对于某个刚需应用场景进行总结，形成插件或者集成，完全可以满足类似的需求，从而大大降低成本、提升可复制性，同时提升两家企业的业务竞争力，也能鼓励更多的企业使用 SaaS 服务。

我相信做 SaaS 的企业谁也不愿意去给某个客户的单独需求做繁琐的定制化，当各个 SaaS 厂商都联合起来形成集成网，那么使用自行开发软件的企业也会越来越少，因为你使用的不是标准化的产品，你就需要自己来开发集成。这样一来，SaaS 会被认同，SaaS 会更好卖，SaaS 行业会更好更快地发展。那么问题就从雇第三方线下 IT 服务团队做定制化转变为一批开发者来为厂商思考、挖掘和开发集成插件的事。随着客户的需求越来越多，然后各自形成应用集成网。前提是各个厂商需要有满足客户需求的集成意识，利他的同时也利己，也利于整个行业。

我们考虑集成云客服，就是为了提升客户满意度。因为在培训行业，对于培训管理员来说，一线人员的支持和满意度是他工作的核心指标之一，所以有价值。考虑集成视频会议系统，是为了便于客户开远程培训班和开会（延伸应用），都是为了加强我们的价值和加大客户的替换成本。

（五） 企业 SaaS 应用集成一定要有固定标准吗

集成一定要领先者（微信、钉钉、云之家等）来推动吗，或者照搬国外模式，还是各自为政?

最近阿里钉钉和微信企业号很火，思维走向了好像集成只有领先者才能玩的事，只有流量和用户帝、资源帝才能搞集成的定势。按照企业号的标准，集成必须打通用户系统或者同步用户系统，我也看过有应用市场的 SaaS 服务，都有固定标准，例如如果要集成，必须要集成什么。但我觉得集成的标准是基于企业用户场景的，To B 和 To C 毕竟不同。C 是人，有共性。但是企业就不一样了，流程不一样，规则不一样，制度不一样，场景也不一样，要以企业为本，不一定有硬性标准，不一定非要打通用户。

例如我们做客户服务想让企业利用好客户信息来做 EDM 营销，那我们和 SendCloud（邮件发送 SaaS 服务厂商）集成就是数据互通性的集成，在应用内拉取 SendCloud 的发送邮件接口，获取应用内用户列表，然后批量发送，返回发送结果分析。满足了客户想要的需求，但没有遵循硬性标准。

有什么简单的方法，不用统一标准，实现集成呢？

难度颇大。假设一下公司都用了 3 个 SaaS 公司的产品，公司里面还有 4 套业务系统，这些分散的业务数据如何融合？不仅仅是技术问题的考虑，更多是利益的考虑。

那么，SaaS 集成是否一定要有一个标准化的集成方案？一定要遵循这个方案？一定要集成用户？一定要集成消息系统？或者一定要某个平台作为总的诸如应用市场、应用平台等？实际上，应该没有标准——客户需要什么，那什么就是标准。从广义上讲，集成标准应该是非常复杂的体系。同时，集成不是 SaaS 厂商完成的，厂商完成的是开放，第三方来集成。

无论是集成现在的各类异质管理软件，还是集成未来各厂商的 SaaS 应用，需求上看是个金矿，真正去干就是个大坑，最后爬上来才知是个粪坑。

对于很多企业来说，自己去开发新的客户，获取用户体验信息，至少需要投入 10 个人干一年，所得的数据才勉强能用，这不是我们的核心价值。

为什么要自己做？在有利润的条件下，整合是思路。对于各类应用，我们作为增值服务让客户选购，但整合在一个系统里面。甚至还碰到客户要求我们整合他们的客服系统，这就是“整合”的价值体现。

分析公司产品的定位、价值，围绕满足客户核心需求的几个周边需求去整合。同时，要将战略、预算、项目、组织、流程、检查、报告、KPI 考核、IT 工具、激励、人才配置，一盘棋通盘考虑，体系化规划、层层分解、环环相扣。必须集成，否则都是信息孤岛，不能形成整合力。

当然，这只是 SaaS 的整合集成，是小范围的讨论。对于其他很多领域来说，恐怕并不适用。全世界的大公司，没有 1000 万美元的预算，免谈跨系统集成，集成可能对客户并无了不起的价值。

（六） 为什么国内无法形成像 SLACK[①] 的公司

如何认知类似 SLACK 这种集成式的厂商及对国内企业 SaaS 服务带来的启示？

国外的 SaaS 发展如此迅猛，除了主要因素外，国外的厂商也在 SaaS 生态构建上下了很多功夫，基本上每个厉害的 SaaS 企业都有各自的应用市场，而且是可扩展的。那么，为什么国内无法形成像 SLACK 的公司，如何认知类似 SLACK 这种集成式的厂商，以及对国内企业 SaaS 服务带来的启示？

从反集成派的角度来看，理想很丰满，现实很骨感，企业内部系统的整合非常困难。这个界面是某企业所做的整合，各种 API、各种代码、各种厂商，折腾起来，非常痛苦。或者说整合太难，不仅是技术问题，有时候哪怕客户给钱希望做整合，许多厂商也不敢做，认为这是一个无底洞。毕竟这个问题不是讲情怀，是现实如此。大家都会想：谁都想当入口，怎么会有 SLACK？为什么这么多想当入口的都没有一个做起来？

而看好集成的企业家们认为，定好对接标准，集成 ecc[②] 和 ebs[③] 并不可怕，但需要多方配合，成本比较高。这不是天方夜谭，现在 SaaS 的细分化、碎片化，走向开放、走向集成是必然的。不会太久，也许等到年轻一辈 To B 成长起来就能实现。哪怕是今天，很多大企业如果不考虑集成，你的产品就卖不出去。不管传统系统还是 SaaS，集成是企

---

① 美国一家企业办公沟通软件提供商，2015 年创立，于 2019 年在纽交所上市。
② SAP 出的一款企业管理信息系统软件。
③ Oracle 公司出的一款企业管理信息系统软件。

业刚需，躲不过。例如逸创云客服的系统对接外部客户，所以集成是必要的。事实上，用友、金蝶也是可以集成的，用友甚至专门有个接口平台。做一次两次开发的集成是方便一家客户，做一次集成/插件是方便千百个客户，而且最多 1～2 天就能搞定（此处讨论的是指轻集成，或者叫假集成，SAP、Oracle 的集成不在本讨论范畴）。这样一来，就能打通一个数据、满足一个场景，就能利好千百家客户，增强企业竞争力，何乐而不为？传统大企业 IT 环境因为封闭和定制化及各家利益问题，集成确实是个坑。相对来说，产品化和标准化的新 SaaS 厂商集成是有机会的，也会是部分厂家的共赢。也许有一天会出现个大平台，把大部分 SaaS 都集成了或者变成插件了。客户用户不会也不愿意用 N 个 APP，或者会出现垂直行业的垄断型 SaaS 厂商，在一个领域横行霸道。

叶翔，逸创云客服创始人，80 后互联网极客，北京科技大学生物技术系本科毕业，澳大利亚卧龙岗大学 IT 分析与管理硕士。1 年海外 IT 工作经验，4 年 SEO 个人实践，9 年以上国内外互联网产品观察经验。

第二章

SaaS 企业如何组建销售团队与渠道

一、

SaaS 项目如何建立销售团队
——销售团队的组织结构

玄令顺　销立方联合创始人

几个月时间里我接触了不下 6 个初创 SaaS 团队，它们有 4 个共同特点：

（1）都是垂直类的 SaaS。

（2）老板都是技术出身。

（3）产品都已经有了最初的 10 个客户。

（4）都在为产品的商业化发愁，特别是市场和销售团队的建立。

所以，我接收到的最多的请求协助是帮他们找市场和销售的负责人。

说实话，这件事情我挺为难，倒不是不愿意找，而是怎么才能找到合适的、匹配的。否则，对谁都是耽误，企业耽误不起，人也耽误不起。SaaS 的销售谁来做还是有很多坑的，我能确定的是先把坑边的草拔一拔，让大家都能看见坑，可以选择绕着走。

首先，我们看图 2－1、图 2－2。

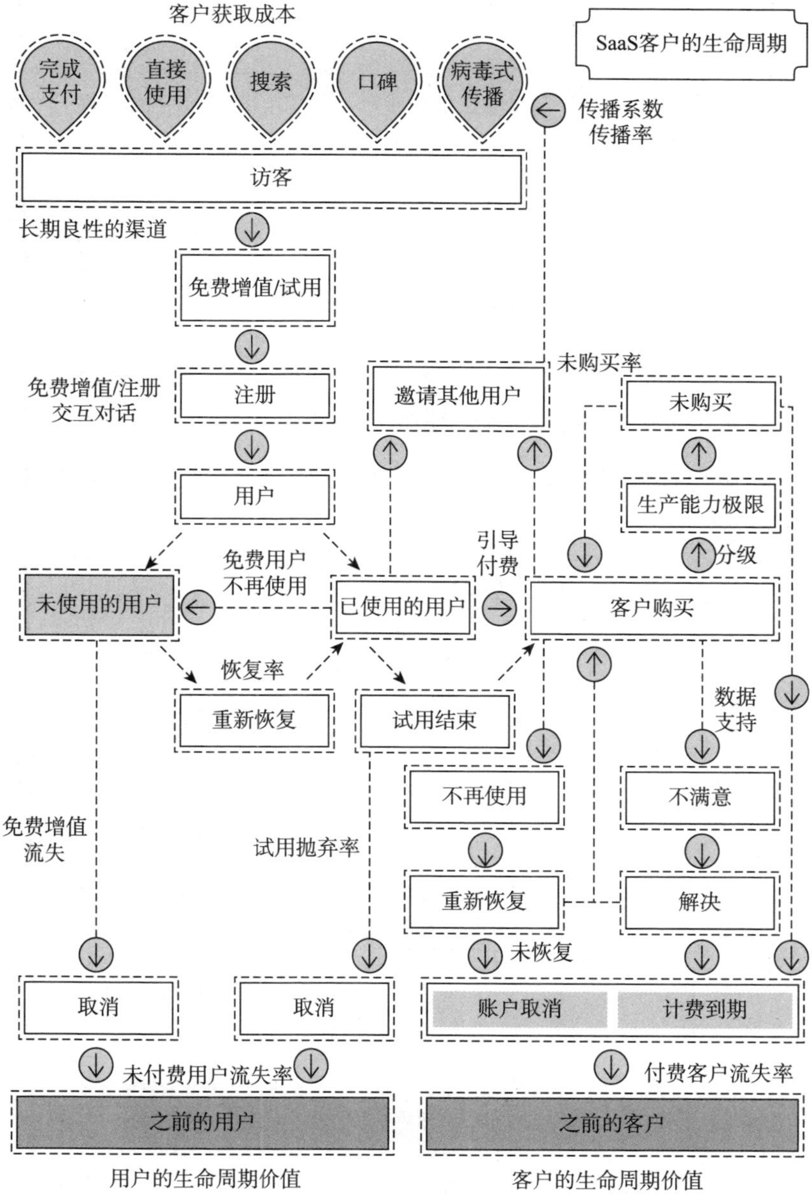

图 2－1　SaaS 客户的生命周期（来自我紧密的伙伴赵瑜）

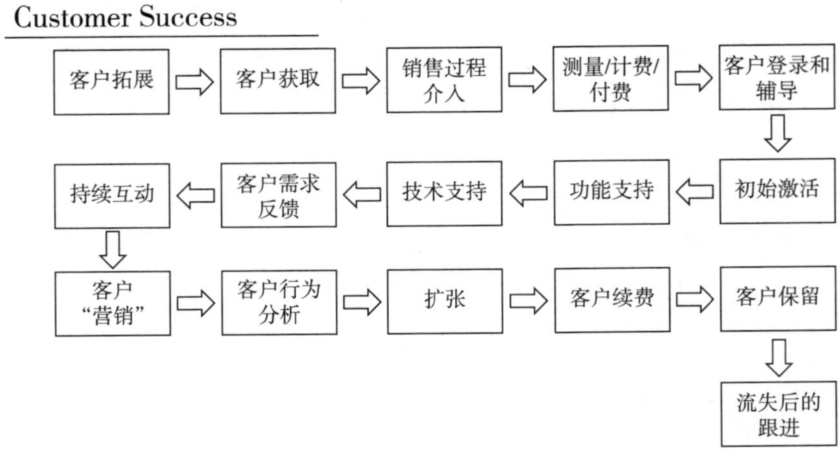

图 2－2　客户成功是我们的终极目标

这两张图展示的是 SaaS 客户最典型的生命周期，销售总监、销售经理、销售顾问都应该先吃透这两张图。宏观上看，销售是在哪个点进入的，销售是在哪里结束的，销售努力的目标是什么，在这两张图中也特别清晰。

接下来讨论三个内容，如图 2－3 所示。

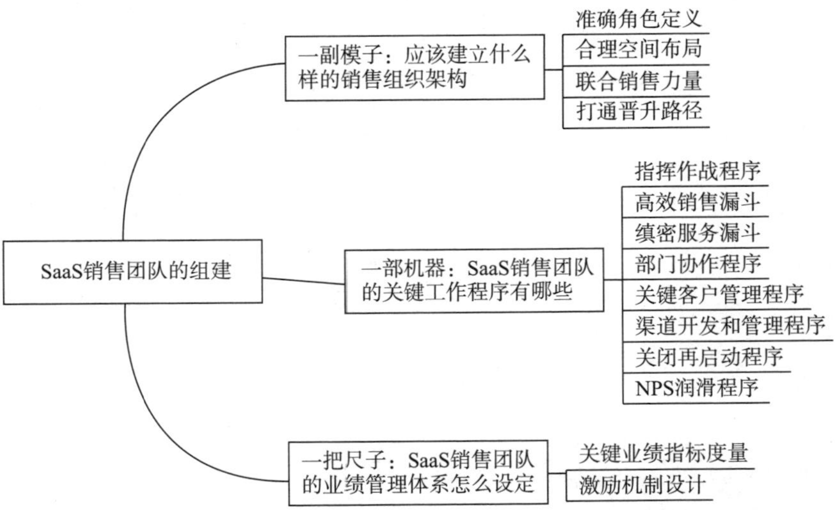

图 2－3　SaaS 销售团队的组建

（1）SaaS 应该建立什么样的销售组织架构（一副模子）。

（2）SaaS 销售团队的关键工作程序有哪些（一部机器）。

（3）SaaS 销售团队的业绩管理体系怎么设定（一把尺子）。

我们先看 SaaS 应该建立什么样的销售组织架构，以及这个模型的打造，如图 2－4 所示。这个模型的打造分为 4 个部分：第一部分是准确定义角色，第二部分是联合销售力量，第三部分是合理空间布局，第四部分是打通晋升路径。

一副模子：应该建立什么样的销售组织架构
- 准确定义角色
- 联合销售力量
- 合理空间布局
- 打通晋升路径

图 2－4　SaaS 应该建立的销售组织架构

（一）准确定义角色

准确定义角色这部分，之前看到过一篇文章，写得很详尽，是 KuickDeal① 公众号的一篇文章，这篇文章②详细地介绍了下面 3 张图的组织模式，他们是什么、有什么优劣势，这里不再赘述。如图 2－5 至图 2－7 所示。

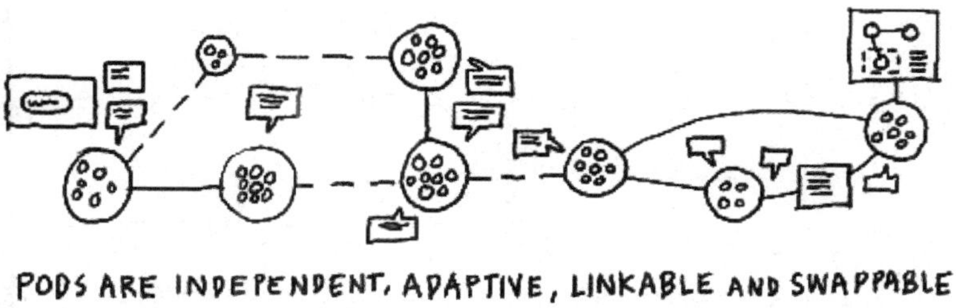

图 2－5　分离舱型（韩都小组制）

① KuickDeal 是北京西会科技旗下的公众号，这是一家专注营销销售智能化的 SaaS 公司。

② 原文是 Close. io 公司网站的一篇博客，经由李栋摘译，可搜索《作为 CEO，销售发挥不了最大价值，就是你的问题》进行查阅。

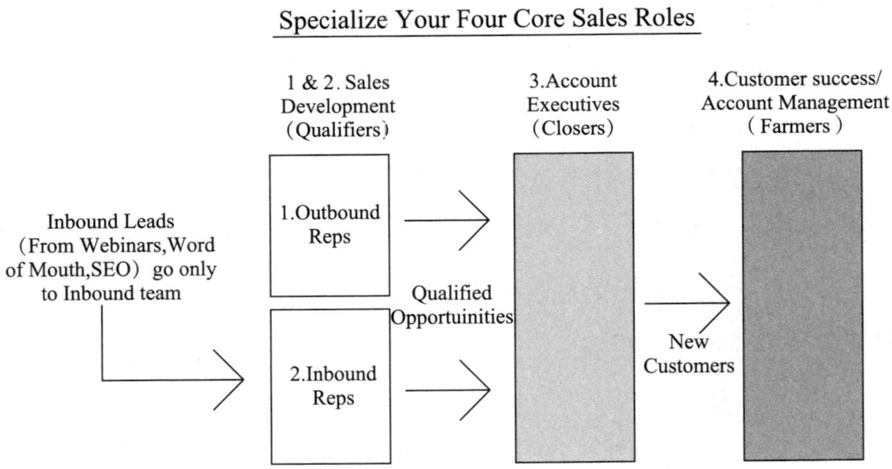

图 2－6　生产线型（saleforce）

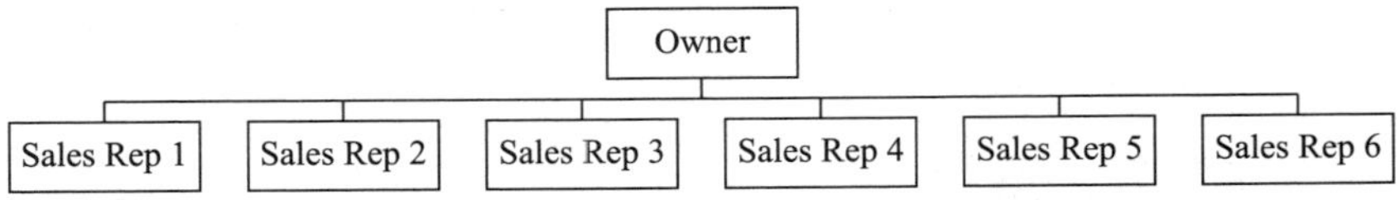

图 2－7　小岛型（明道）

（二） 联合销售力量

我眼中的销售团队不只有自己的员工（直营力量），也包括渠道、合作伙伴、社会销售能手、各类资源拥有者等。确切地说，这些可以统称为销售力量，争夺用户的这场仗一旦开打，群狼战术胜过孤军深入。

这些销售力量都可以为企业带来订单和客户，甚至可以做好本地的服务。有的渠道的做单能力比自己的直营团队成员还要好，并且有更高的绩效。联合销售力量的选择、使用、培养、激励、淘汰，后面会详细讲。

（三）合理的空间布局

这个销售力量一定是放在合理的空间上的一个布局，也就是 WHO 和 WHERE 要匹配结合。

做好这个布局需要提前做 3 个工作：

（1）对现有注册线索的区域分布做分析。

（2）对现有付费客户的区域分布做分析。

（3）对当地的企业客户的管理文化、信息化程度等做调研。

基于以上 3 个工作的结果，你的销售力量的布局可能是这样的：有的城市只有自己人，有的城市不只有自己人，还有渠道合作伙伴或者行业合作伙伴，甚至还有本地资源导入力量。

在这里说明一下，中国的市场不是简单的三级市场，中国太大，是一个三维市场，从上到下叫做省市地县乡镇村，从左到右叫做政事行集企微创组社，从前到后又有医银电建零软餐旅服化等。我之前所在的明道，一个边陲小城的客户比一个地级市的明道客户都多，这样的特色小城中国版图上有很多，都是宝贝，要早开拓。

所以，一个空间上的方案就是 5 个大区着眼，划片布局，华北（东北未并入，没有偏见）、华中、华南、西南、华东；三类城市组成航母战斗群，站稳脚跟，航母大城市（“北上广深杭成”），舰艇城市（武汉、南京、重庆、苏州、西安、青岛、济南、长沙），快艇城市（宁波、烟台、石家庄等）紧密组合，协同突破。如图 2－8、图 2－9 所示。

图中的城市综合了官方企业数量数据，城市 GDP、人口、大学、现有线索、行业特点、集群企业、现有客户等综合数据排名。

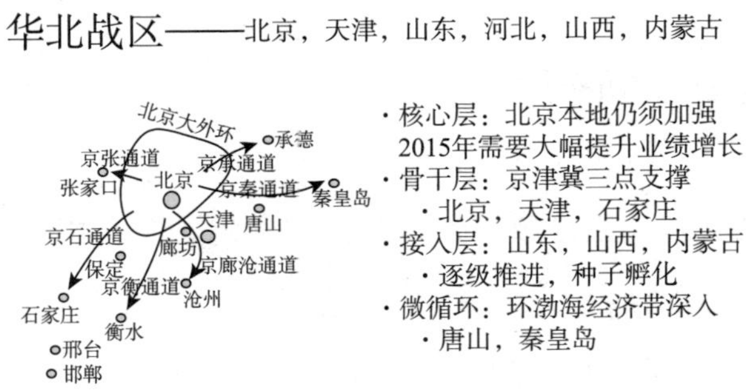

图 2－8　华北战区（来自我的紧密战友孙昊鹰）

- 华东战区——江浙沪

  江苏：苏锡常——宁镇扬——徐州→安徽

  浙江：杭州东进宁波，绍兴，打通杭州湾

图 2－9　华东战区

当然，有的人说了，一开始不可能进入那么多城市。没问题，一般的 SaaS 公司也都是先去“北上广深杭”开拓市场，也有的只在北京、上海开拓市场。但是我建议所有的 CEO 要有这个空间上的思考，你们毕竟都是设计者，之后在哪些城市开拓市场，选择什么销售力量，可能就是时间轴上的安排了。

（四）打通晋升路径

销售结构中还有一个需要解决的问题，那就是每个销售人员都关心的个人发展、升职、加薪。BAT 都有技术线和营运线的分级升迁体系，不同级别会对应不一样的薪资和待遇。在这里，我也希望 SaaS 的 CEO 们设计好这个销售职业发展路径。

销售其实是青春饭，很容易激情不再，销售团队的波动性也是最大的，平均 8 个月就得换一批人，这还算久的。所以，CEO 要让销售工作变得有意义、有奔头，职位、钱要提前考虑，做到什么程度就拿什么待遇和职位，最直接的办法就是像打游戏一样升级。

这里可以走管理线和专业线，管理线就是顾问、经理、区域总、副总监、行业总监、销售总监这样的金字塔；专业线可以是 S1、S2、S3、S4 这样的销售专业度的升级路线，S3 可能和经理的待遇是一样的。

玄令顺，销立方联合创始人，做了 6 年的 SaaSer，担任执行副总。2007—2008 年大学就读期间创业，创办校内聊吧；2008—2011 年山东大众信息产业有限公司通信事业部经理；2011—2012 年山东联通电子商务部渠道经理；2013—2016 年历任明道软件销售顾问、销售经理、北京销售总监、全国销售副总监、全国销售总监岗位。

二、

数字时代企业级销售的四大关键

夏凯　销售罗盘创始人、寒崖网络 CEO

我们所处的数字时代，所从事的企业级服务领域，正在发生着什么？客户的生存环境、商业模式、运营方式、业务需求，正在发生什么变化？数字时代对我们到底意味着什么？

很多家庭都安装了直饮水净水器，四五千元一台买回来安装上，然后就能喝上相对干净的过滤水。过去这些厂商靠的是卖设备和耗材，该换滤芯了，要么打售后电话，要么自己买个便宜一点的换上去。现在呢？有企业在净水器上加了物联网芯片，实时记录各种数据，流量、水质及每根滤芯的耗用率，通过手机实时提醒主人，水质和用量如何、哪个滤芯该换了，甚至一键下单更换耗材。原来的设备销售商不再仅提供设备，而是提供基于数据的饮水服务甚至运营服务，商业模式发生了变化。

一家通信运营商负责智能制造的总经理说道："有些大学对宿舍里挂的空调免费还是收费感觉很纠结，收费很麻烦，免费又太浪费资源。现在这些空调带物联网芯片，宿舍里的人商量扫码付费，空调自动打开。空调公司已经不卖空调了，他们卖制冷服务，按服务收费。"从提供设备到提供运营服务、制冷服务、饮水服务等，产品服务化、万物服务化，其背后是大数据、物联网、人工智能让万物有灵。从信息化到数字化，客户商业模式发生了重大变化，基于传感器和物联网的数据产生与实时传输，可视化、智能化的大数据平台，支撑了这种转型。如图 2－10 所示。

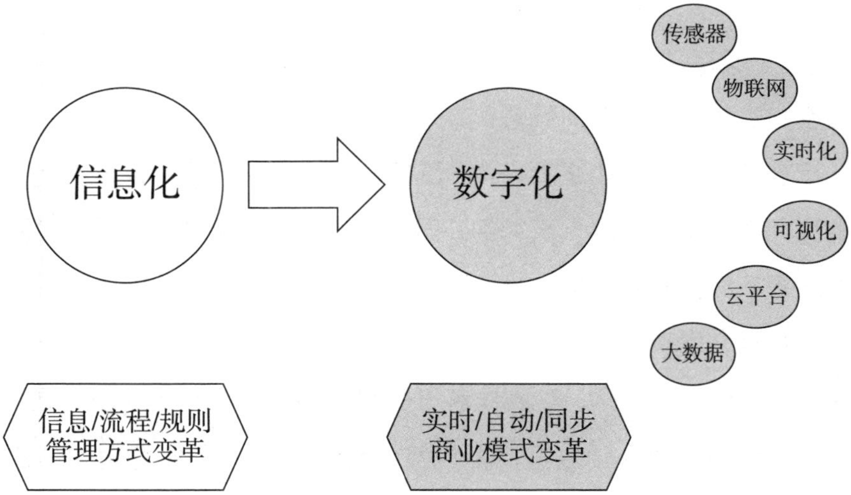

图 2－10　管理方式变革

现在来看这些企业级服务的提供者。

如果我们给那个饮水机制造公司或者空调厂家提供服务，无论原料、配件、物流或者供应链，或者 CRM、SCM、ERP 等应用软件，我们该怎么卖？怎么去理解客户商业模式的变化，如何升级自己的服务模式？这是企业级服务不得不思考的问题。这点看不到、想不清，很可能被数字时代所淘汰。

（一）观点一：数字时代，客户的商业模式发生本质变化

数字时代，还需要销售吗？

从2000年开始普及企业信息化，通过信息的结构化、流程化实现数据互通互联，改变了企业管理模式和业务运营模式。而数字化基于数据乃至直达用户的运营服务，让厂商有机会通过客户服务于“客户的客户”，服务客户的下游伙伴和客户的终端用户，改变的是一家企业的商业模式。

当洞察到客户与“客户的客户”从买卖关系升级为运营服务关系，我们需要怎么服务客户及“客户的客户”呢？

从产品服务提供商到基于数据的运营服务商，我们怎么卖东西，怎样给客户提供超越预期的服务？

反观客户的处境和逻辑。客户基于外界政治、经济、技术、用户需求的变化而制定战略。一家水务公司，以前信息化建设是为了减少跑冒滴漏，提高经营收益。实施数据以后，拥有的数据多了，可以分析客户的用水数据，发现用水大户的管道太细，需要换成更粗的，水质要求高的客户还要做二次净化，这时候基于数字化数据可以给客户提供更好的服务了。而拥有的这种数据，客户因为其认知和拥有的数据和信息不同，会成为客户制定新战略、新举措的重要依据，是一种创新的来源。

如果是一个大数据分析平台的销售团队，给水务公司销售数据分析系统，你想卖什么？卖的绝不是数据分析功能。我们是否真正洞察和理解了水务公司当前想解决什么问题？他们想达到什么目标？我们卖什么？是解决跑冒滴漏的问题，还是帮他解决用户经营效益的问题？是一次解决还是分次解决？是基于你的产品特性销售，还是基于客户的运营数据销售？这种销售与那种销售，完全不同了。

现在的销售，协同运营、数字支撑是基础。我们的解决方案要包括

协同运营方案和数字支撑方案。很多商机，可能不再来自外部，而来自协同运营和数字支撑，拥有更多信息和数据之后，自然会形成更多的优化机会，而这就是我们新的服务机会。持续循环，不断迭代，所以，“交钥匙工程”的时代已经结束了。如图 2－11 所示。

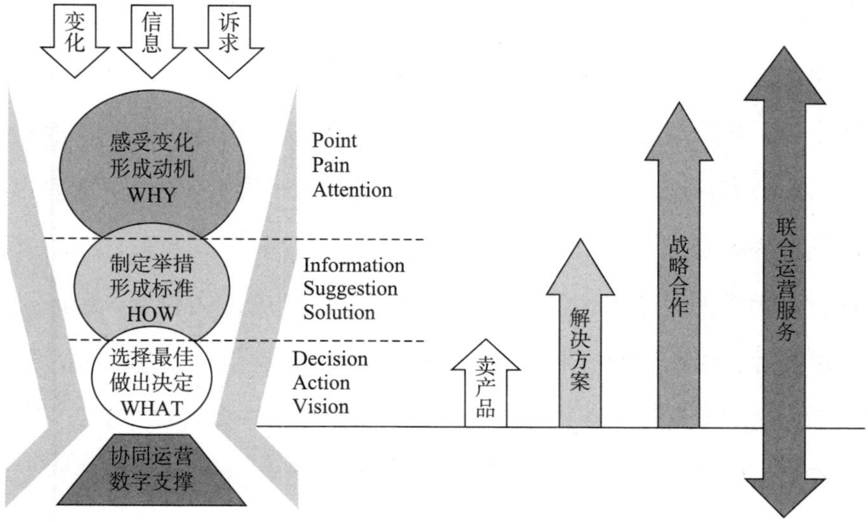

图 2－11　客户商业模式变化

数字时代不只是拿下订单和交付项目，更要领会客户的战略，设计业务方案并持续参与运营。这是销售团队真正的价值所在，帮客户通过运营产生价值，而不是销售产品和服务带来收入。

（二）观点二：数字时代，“交钥匙”模式已经终结

数字时代，我们和客户的关系是什么？

我们仍然要回到客户逻辑来看。客户基于政策导向、经济环境、技术更新、用户需求，将面临重大改进机遇，结合自己的核心独特优势，制定未来 3 年或年度的战略。这项工作往往是在每年 11 月、12 月开始。讨论之后，客户中不同领域的高管和副总，基于战略在各自领域制

订不同举措和实施计划。落实举措之后，各部门的处长、科长、业务团队开始负责相应工作，通过业务运营和支撑平台落实相应工作。

如果我们为客户提供功能性的工具或产品，帮客户解决业务运营过程中的需要或问题，带来运营层面优化效率、降低成本，这个层面属于运营层优化，工具功能的产品级合作。

当运营一定阶段，建立了客户感知和合作关系，并且提供一定结果或报告时，客户高层就有可能和你探讨“你看去年实行的这个举措效果不明显，我们还能怎么做”。这时候，我们通过产品服务要能支撑客户在不同领域的举措优化。例如白色家电企业用了一些工具服务，然后就可以探讨分销系统应该怎么优化，电商和线下体验店怎么融合，生产过程怎么更高效，采购供应链和供应商的协同如何更有效……这时候，要提供不同领域的运营优化举措和解决方案，我们和客户是解决方案级合作。

在运营优化和业务举措取得一定效果后，我们的产品服务所落实的举措或许成为客户的独特能力，我们参与从独特优势到客户能力、从客户能力到战略转型设计的过程，这或许将帮客户再造竞争优势，支撑客户战略的转型。这时候，我们和客户就是战略级合作。如图 2－12 所示。

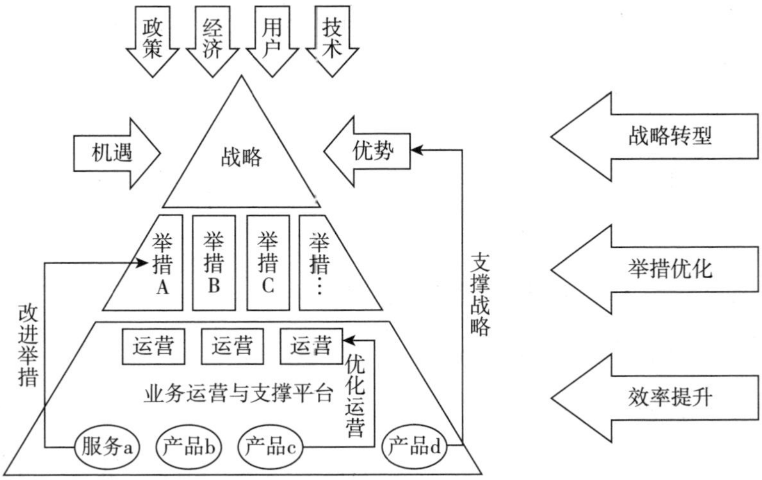

图 2－12　运营模式

所以，工具和产品必须要帮客户提高效率、降低成本、开源节流，这是基础价值。而能不能帮客户优化战略举措，甚至再造竞争优势，这是我们真正的价值所在。

（三） 观点三：客户关系，取决于与客户战略的远近和深度

这种情况下，商机线索怎么跟进和管理呢？

企业级服务，卖战略、卖方案、卖产品，见客户中的人不一样，卖法也不一样。10 年前，我们以签一个千万元大单为荣，3 年不开张，开张吃 3 年。现在，大单锐减，应用碎片化，需求精准化，付费持续化，按使用付费。拿下订单只是开始，交付运营是在帮客户改进，每次改进必须创造价值才能带来持续的新机会。这种情况下，用什么方式分类跟进客户的经营机会呢？如图 2－13 所示。

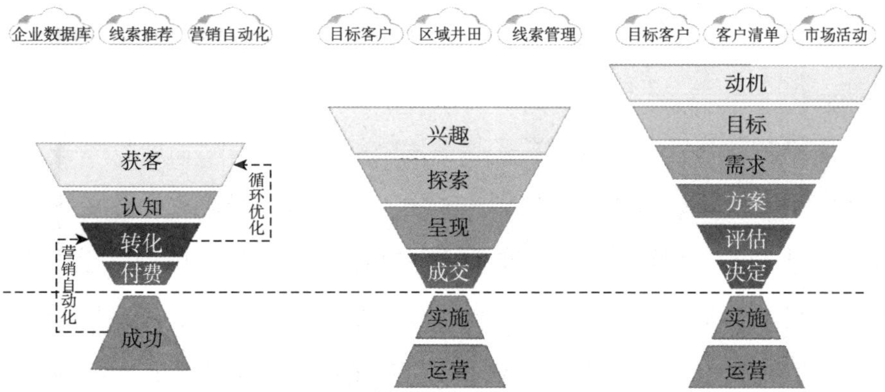

图 2－13　客户营销转化

如果做在线产品或标准功能性产品，数据库营销、线索转化、营销自动化就非常重要。从获客、认知、付费、激活，然后运营和客户成功，这是一种规模化转化。通过 call center[①] 和在线座席来完成这个

① 这里指呼叫中心。

工作。

地推主要面向复杂一些的标准产品、标准化解决方案。因为销售要有基本动作，了解客户的大致需求，理解业务场景，建立彼此信任，然后提议方案，快速成交。通过充足的线索和大批量地推拜访完成。这里要做的是动作标准化，也称快刀模式，外加加足“鸡血”。见到一个客户，基本上就是三板斧，几个标准问题，然后直接呈现优势、提议成交。以前没有客户数据只能陌拜，现在是获得客户线索之后地推跟进转化。

规模地推主要在于线索挖掘、获取和分配，通过区域管理、井田制和网格化管理。通常一个小分队由经理带着 5 ~ 7 个销售人员进行地推覆盖。

如果客户需要你提供战略和业务举措层面的服务，那么交易过程将变得更加复杂，客户从环境分析，到动机、目标、需求、方案、评估、决定、实施、运营，通过运营形成新的机会，缺少任何一环都难以成功。

战略经营模式下，战略客户是清单级的，由行业总监或战略客户总监操盘制定策略，通过专业化解决方案支撑，客户经理进行客户关系的推进和维护。“策略、方案、技巧”即销售能力“金三角”。“金三角”加上交付和运营经理，就是业内比较知名的客户经营“铁三角”。

在这种情况下，战略客户经营的过程首先是顶层设计，由行业总监或客户总监对客户战略进行深度分析后，制订客户经营计划，这个计划不是暂时的，是一年乃至三年的。客户经理负责协助进行客户识别、意向、方案、评估、谈判、成交，解决方案经理要做的是需求调研、方案提议、方案论证、ROI 投资回报分析和相应证明，交付经理要做的是运营流程、价值交付流程、预调整、调整计划、构建实施、部署运营。通过三位一体团队协同，共同开展一家战略客户的经营。

产品的复杂度和跟客户关系决定了不同的销售模式，如图 2－14 所示。如果这个逻辑乱了，就会出现“四个人联合打一只蚂蚁”，或者“一个人单挑一头大象”。现在很多销售组织就是这种场景，重要战略客户被个人根据自己的理解和经验操盘，公司很多重要资源（老板和专家）被邀请去见了本身可能没有太大价值的客户。

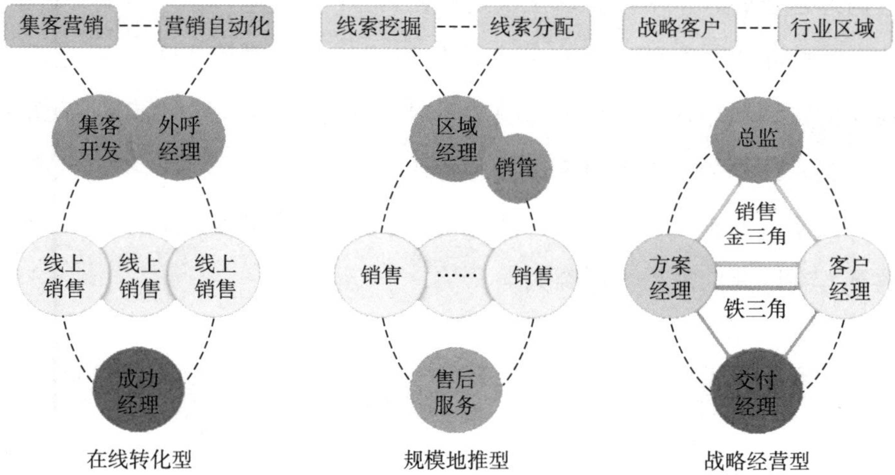

图 2－14　销售模式

（四） 观点四：营销团队，不同业务必须构建不同的组织模式

不同组织的构建与赋能，有着不同的逻辑和基因。一家企业级服务的公司，必须考虑自己的规模化产品放量策略、战略级客户深度经营的奶牛策略之间的平衡。

产品级销售，或者由此扩大到中小企业市场，因为客户分散且数量大，可以带来无限量规模、巨大的想象空间，但获客转化成本越来越高、续费越来越低，现实并不如想象得那么美好。

战略客户经营，或者由此包括提供解决方案，因为客户相对集中，单单贡献金额大且持续付费可能性高，可以带来较好的现金流，但客户个性化要求高、综合服务运营成本较高，大规模高速增长需要靠资源叠加，指数增长更难以实现。

有多种选择，都有机会，但没有绝对的正确，没有准确的答案。而这恰恰是企业级服务的魅力所在，更考验我们的智慧。破解这个选项的核心问题，不在于你的产品、客户和团队，而在于企业级客户的战略制定与运营逻辑，从中才能真正找到适合自己的答案。

帮助客户，帮助“客户的客户”战略变革与绩效提升，制定适合自身的营销战略体系，构建与模式相对应的营销组织，才能够让销售更有价值，让销售成为价值连接器、生成器、创造器，只有这样也才会被客户接受、尊重和认可。销售罗盘致力于企业级组织的战略变革和绩效提升，并以此为愿景不断努力。

夏凯，销售罗盘创始人、寒崖网络 CEO，大客户销售实战与营销管理 20 年，专注 B2B 销售领域组织决策逻辑底层研究多年，擅长组织营销体系构建、营销战略规划、绩效增长设计、营销人才培养与训战辅导等。出版作品有《赢单九问》《信任五环》《独孤求 Buy》《赢单罗盘》等。

三、

初创企业如何运用科学销售体系快速稳健地增长到 5000 万元

蔡勇　硅谷蓝图创始人

我有个信仰，这个信仰就是 SaaS 思维正在改变 B2B① 销售。SaaS 模式的价值不是由它的技术决定的，而是由它的商业模式甚至思维模式决定的。为什么我一直说 SaaS 模式的思维方法能够从根本上改变 B2B 销售，是因为新一代 B2B 销售管理必须以数据驱动、用数据管理，搭建科学销售体系，否则必然被时代淘汰。科学销售体系主要包括 4 点：

第一点，体系思维。销售体系搭建不以所谓的“大销售”为

① 企业对企业。

中心，而是围绕业务逻辑，用数据说话，先落地流程，再设计打法套路，给销售赋能，最后实现正能量的团队文化。一旦文化成型，团队的动能可以是无限大。如图 2－15 所示。

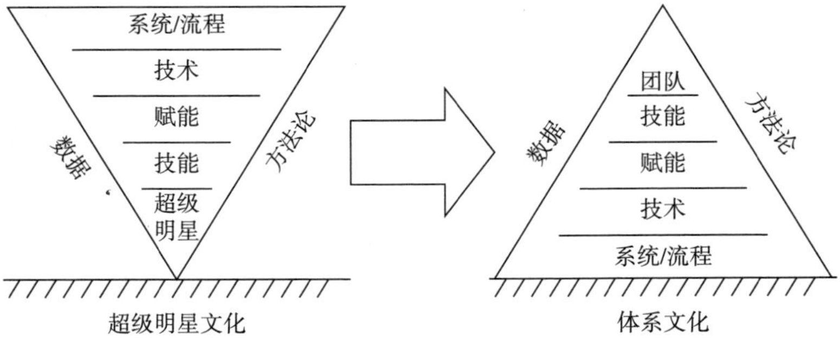

图 2－15　体系思维

第二点，分工协作。各司其职，术有专攻，效率才能提升。归纳总结然后放大可以复制的成功点，改进弱项，提升整体水平。如图2－16 所示。

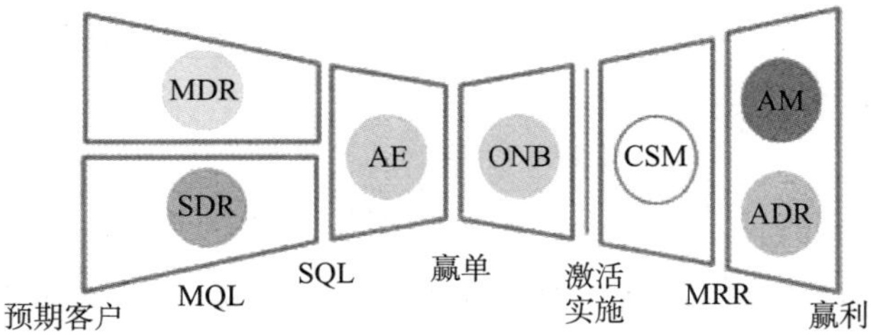

图 2－16　分工协作

MDR－市场开发代表　SDR－销售开发代表
MQL－画像用户，表达兴趣并符合要求的客户
SQL－意向客户，确认有购买意向的客户
AE－线上销售经理　ONB－上线经理
CSM－客户成功经理　AM－客户经理
ADR－大客户获客经理　MRR－月度可重复性营收

第三点，建立业务仪表盘。用数据将整个业绩收入的大盘子从市场、获客、销售到客户完全打通，通盘认知，通盘管理。如图 2－17

所示。

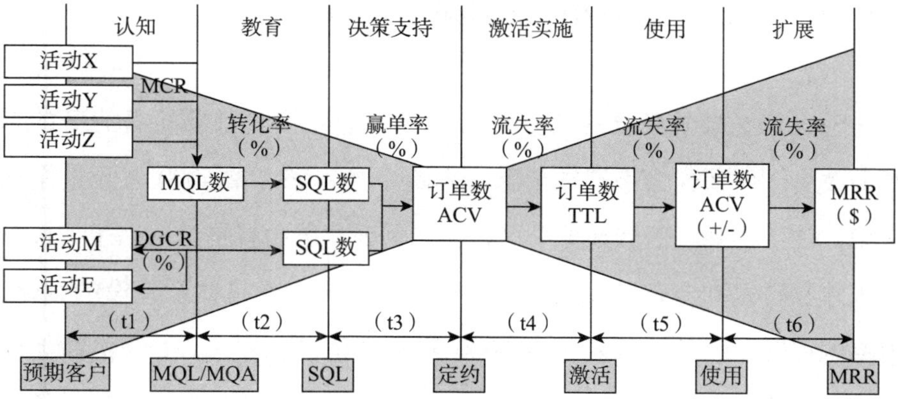

图 2－17　业务仪表盘

第四点，复合效果。每个阶段的小改善形成复合效果。每年业绩翻番很难，但是如果有 7 个业绩增长点，每个点每年提升 10%，1.1 的七次方，结果就是翻番。换一个角度看，如果把每年增长的 100% 分到 12 个月，那么每个月只需要增长 8%，也就是 7 个业务增长点每个月只需要增长 1%。如果有专门的人负责这 1%，基于他过去的经验就可能会有很多方法和选择。每个月达成 1% 的增长，就是我们有信心帮助客户的数学核心。如图 2－18 所示。

	预期客户>MQL	MQL>SQL	SQL>赢单	折扣率	
业余水平	28%	18%	2:12	20%	59%
低于平均	29%	19%	2:11	15%	79%
平均水平	30%	20%	2:10	10%	100%
高于平均	31%	21%	2:9	5%	141%
行业最优	32%	22%	2:8	0%	200%

各个区域的小改善形成复合效果

图 2－18　复合效果

（一） 初创公司如何稳健快速地增长到 5000 万元

SaaS 商业模式最难的其实是每年的市场化模式都要随着业务的增长而改变。所谓连滚带爬往前跑，奔跑中换引擎。拿 5000 万元这个坎来说，往上再翻一倍就是 1 个亿，在初创公司里面就是跑出来了，接下来人才和资本都会有汇聚效应，管理上的主要工作是体系建设的细化、效率的提升。但是大的基础在 5000 万元这里打扎实了，1 个亿往上就是海阔天空。但是 500 万 ~5000 万元，其实经历了 3 个不同的增长阶段，销售管理执行上各有重心。如果你的企业在这个区间，必须注意。

1. 年收入 500 万元

年收入 500 万元差不多标志着初创公司完成了从 0 到 1 的积累，对产品市场契合度有了一定的认知，开始有了第一批 10 多家大 B 客户，或者几百小 B 客户，上千终端用户。最佳客户画像开始清晰。虽然销售绝大多数仍需要通过创始人达成，或者产品依靠大量人工介入转化，业绩极其不稳定，但是跑道存在，大方向向上的趋势也可以确立。我们的经验是，公司需要在接下来的 12 个月内将业绩增长 3 倍，即 1500 万元左右。这个速度在细分市场才可能成为领军企业，为将来与行业的第二名、第三名进一步拉开距离打好基础。

这个节点，创始人通常会考虑引进第一批职业销售人员，以期快速增长业绩。这通常也是创始人犯的第一个错误。正确的做法是在引进销售人员之前初步解决客户流失和营销获客问题。客户流失率的降低意味着收入和现金流的改善，同时通过产品升级进一步打磨最佳客户的画像，为营销获客产生稳定的销售漏斗打好基础。同时，创始人要考虑帮助新加入的销售人员解决获客问题。一般情况下创始人都有个人 IP，有对的朋友圈，寻找商机似乎没有什么问题，但是放在一线销售人员身上可能就是问题。

使前端获客和后端客户成功的问题大致做到可控，创始人才能着手引入第一批销售人员。

2. 年收入 500 万 ~1500 万元

500 万 ~ 1500 万元是销售模式的第一次转型。必须做到：

（1）主要业务层级商业模式的确定。

（2）最佳客户画像的确定。

（3）主要获客渠道的确定。

（4）客户流失控制在可以接受水平。

（5）首批销售人员趋于稳定。

接下来如何达到 5000 万元有两条道路。如果第一次转型执行得好，可能公司第一年就能超过 1500 万元。那么第二年是否能够再增长 3 倍，直接达到约 5000 万元的水平？有这个可能性，如果跑道足够好，政策又非常给力。这种增长需要细分市场本身快速增长，可能基于一轮比较大的融资，必须执行一套完全正确的增长模式。

如果不是市场压力大，我并不建议把步子迈得那么大。因为从 1500 万元到 5000 万元需要经过两个阶段，大致两年的转型，以 3000 万元为间隔。

3. 年收入 1500 万 ~3000 万元

1500 万 ~ 3000 万元需要解决的问题包括：

（1）稳定的销售 VP 或者合伙人。

（2）客户成功的初步体系化，有效解决客户流失和如何长大的问题。

（3）获客体系的多样化和初步标准化。

（4）初步的销售流程、打法、套路的标准化。

4. 年收入 3000 万元以上

超过 3000 万元的公司一般员工人数会过百，甚至几百人。组织架构可能围绕产品事业部，或者按照功能展开。

员工人数的增加让分工协作和精细化运营成为可能。这个阶段公司需要集中解决：

（1）主要产品不同业务层级的商业化体系的设计和执行。

（2）独立的运营岗位：获客、销售和客户成功。

（3）详细务实的标准化流程、打法和套路。

（4）统一的业务仪表盘。

（5）新产品的商业化路径。

（6）新行业新区域的扩张方法。

快速超越 5000 万元这个坎，你可能就是细分行业老大。基础打扎实你会发现之后超过 1 个亿并不是难事。再往上走这套体系就会有血有肉，同时不断通过细节的打磨长出新的肌肉。这样你的业务基础就是稳固的，可以放心地开疆拓土、招兵买马。

一套务实的科学销售体系并不会降低你的发展速度。相反，它会是业务增长的保证。

（二）为什么 SaaS 初创企业必须搭建科学销售体系

这里我想请出“78”这个数字。不仅 SaaS 的 CEO，我希望所有 B2B 公司的 CEO 都要深刻领会这个数字背后的商业意义。如果以后有人问我什么是 SaaS 思维，我的答案就是“78”。“78”就是如果你每个月新签一个 MRR（月度可重复性营收）为 1000 元的新单，经过 12 个月的周期，假设没有任何客户流失，到年底就有每月 78 个 1000 元的流水。如图 2－19 所示。

78　= 1+2+3+ …… +10+11+12

图 2－19　“78”

我一直说这就是国内外真正懂 To B 的投资人对优秀的 SaaS 业务拥护的原因。因为针对每月 1000 元的收入，你的获客投入相对有限，但是你的产出在 12 个月内就可以被放大 78 倍，这是多么惊人的投资收益！

当然，这里还有一个非常重要的前提——“假设没有任何客户流失”。这个前提在国内动辄 50% 以上的客户流失率面前可能像一座无法翻越的大山。

但是起码我们从“78”这个数字清楚地知道了搭建优秀的 SaaS 业务需要关注的三个点：

（1）稳定的成本投入。

（2）保证每月的获客。

（3）尽量避免客户流失。

这是最赚钱的 To B 模式。有限的获客和客户成功投入成本，带来躺着都能收钱的长期合约。

这就说明 SaaS 的销售范围必须包含所有影响收入产生的岗位：从获客到销售再到客户成功。只要有触客，就属于销售行为，就要设计规划，用一套逻辑打通，沉淀优势打法套路，快速复制。

下面就获客成本、收入战略和客户成功谈一下科学销售如何落地。

（三）如何让获客成本可控

广义上，获客成本是你产生收入所对应的市场营销和销售投入的总和。这里面有两点需要说明：

（1）收入来源包括你的新客户和老客户。是的，老客户产生收入也需要投入的。

（2）获客成本和收入有时差。评估获客效率的正确方式是按照你的业务模式按月、季、年用 N 的成本对应 N + 1 的收入。举个例子，如果你的销售周期是 6 个月，那就建议获客效率的公式是下半年的产出除以上半年的投入。

很多学习能力超强的 CEO 对“硅谷蓝图”里提到的 POD 模式深感兴趣。因为 POD 的实质就是通过运营的创新让获客成本可控。如图 2 – 20 所示。

效率	专长	每POD包含数量	OTE	合计	标准	描述
					500	MQL
	MDR（入站）	1	$40,000	$40,000	5%	转化率
					25	每月SQL（入站）
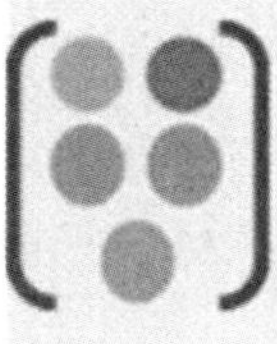	SDR（外呼）	1	$50,000	$50,000	15	每月SQL（外呼）
					40	每月SQL（入站+外呼）
	AE（客户经理）	2	$150,000	$300,000	20%	赢单率
					$12,000	订单规模（ACV）
	ONB（登录）	1	$70,000	$70,000	8	每月登录客户数
					$96,000	每月ARR
	合计	5		$460,000	$1,162,000	每年创造ARR
					39.6%	

图 2 – 20　POD 模式

POD 的前提是销售团队的分工。MDR（市场开发专员）的工作是通过内容传播或者市场活动保证每月产生一定量的集客商机。SDR（销售开发专员）的工作是保证每个月从目标客户群里产生一定量的精准商机。AE（线上销售经理）的工作是用稳定的转化率抓住商机签单。而 CSM（客户成功经理）的职责就是让这些客户产生稳定的 MRR 收入。

整个 POD 的成本不应该超过它的销售指标的一半。无论是否属于 POD 结构，我们都不建议销售个体的成本（OTE）在高和低两个方向大大偏离其指标的 20%。

POD 的好处除了投入产出一目了然之外，还有几个方面。

（1）针对性非常强。在其设计上可以对区域、行业、客户群体和客单价大小做相应优化，保证效果。

（2）复制性很高。有人说 POD 就是销售管理的阿米巴模式，指的就是这个。

（3）有利于团队管理。成功 POD 中的优秀成员可以马上晋级成为新 POD 的领导，为团队成员的职业发展指出一条明路。

（四）如何设计收入战略

SaaS 的收入战略是 SaaS 思维的另一个重要方面，意即在 SaaS/订阅模式中签单只是收入的开始，甚至不占大头。硅谷主流数据，SaaS 收入的分布如图 2－21 所示。

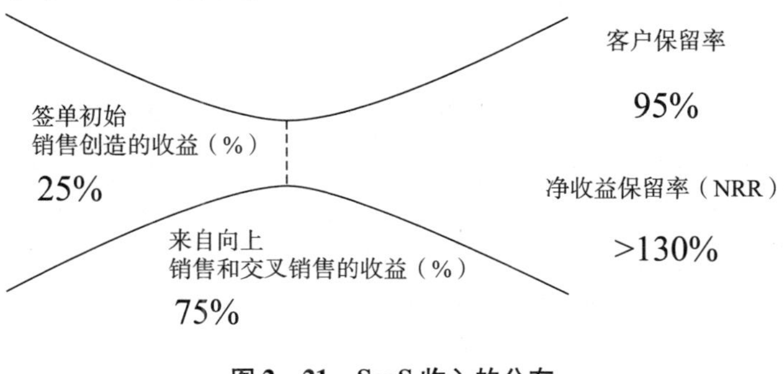

图 2－21 SaaS 收入的分布

如果商业模式是这样，你的收入战略一定需要做相应的改变。如果签单只占总体收入的四分之一，你的新客户获取战略变成不是以签大单为核心，而是如何以一个切入点，通过深度解决一个客户痛点，快速签一个小单。这个由“面”到“点”的改变往往可以大大缩短销售周期。

但是这个“点”如何选择又不是容易的事，既需要考虑市场层级，又需要考虑相对竞争优势、客单价等。同时，这个“点”的客单价并不一定是那个“面”的四分之一，也可以是三分之一，甚至一半。你需要记住的是在新的收入模式中一旦切入客户，你的客户成功可以做到首单的 3 倍，甚至更多。

而你的目标应该很明确：让你的成单更高频。

（五）如何设计客户成功

客户成功代表的收入是 MRR 续签，交叉销售和向上销售的收入总和，代表的投入包括对现有客户的服务和销售，目标是将单个客户的市场占有率最大化。如果你的新客户切入点经过仔细设计，你的客户成功扩张路径也需要有相应的规划。

这里我想指出“成功”的客户成功需要抓住的几个点：

（1）客户成功体系需要三步走，目标分别是“第一价值”，稳定的 MRR 和 LTV①。

（2）客户成功从新客户打单过程中就开始了，而不用等到签单。

（3）刚签单的蜜月期需要好好把握，一般需要趁这段时间做到：

a. 深度领会客户实施目标。

b. 共同起草一份长期合作规划。

---

① 客户生命周期价值。

c. 客户同意开始制作成功案例。

（4）“第一价值”的定义是你交付了符合或者超过客户预期的价值，这个与稳定的 MRR 直接挂钩，最好和客户有正式的书面沟通。

（5）长期合作规划需要双方高管的支持，定期正式沟通交流，对阶段性成果进行复盘，对下个周期的预期进行主动管理。

做到这些，你才能获得客户的长期信任，才有可能抓住现有客户的新商机，将客户消费总盘子的占有率最大化。

总结：科学销售是一种思维模式，也是一套在全球 250 家高增长公司成功落地的体系方法论。即便是初创公司，要想实现持续稳定的高增长，也必须早日开始逐步搭建科学销售体系。这套体系的搭建相当于练内功，会改变公司业务的方方面面，甚至对公司文化有深远的影响。一旦整个业务逻辑打通，在每个成长阶段都能够找到核心增长点，并且提升每个增长点的效率，你的公司就可以通过类似“复利”概念的复合效果，稳健地达成业务的极速增长。

蔡勇，硅谷蓝图创始人，战略销售加速咨询公司 Winning By Design 中国区董事总经理，前惠普中国区副总裁，多家全球软件公司中国区总裁。Winning By Design 帮助全球超过 250 家传统软件公司和 SaaS 独角兽加速，转型和整合业务以达成持续的高增长。其总部位于美国硅谷，在世界各地有分支机构。

四、

SaaS 公司怎样高效布局全国市场/渠道之战

沈立昀　小满科技

企业级 SaaS 产品，不论是平台类的还是切入热门垂直领域的，都已经进入抢夺市场份额的白热化竞争阶段。

在布局全国市场上，显然铺设城市渠道的模式在增长效率上明显优于直销体系，许多 SaaS 公司都在紧锣密鼓地加紧城市渠道的铺设和运营，好的渠道业绩，离不开一套量身定做的渠道市场战略。

然而，少则几十个城市，多则成百上千个城市，如何用低成本和精细化的方式开拓各个城市的市场呢?

毕竟能够铺天盖地打广告的就只有钉钉这样的少数资本赢家。绝大多数营收不错的 SaaS 公司还得精打细算，才能做好这笔全国市场的账。

在做区域市场的时候，必然遇到的一个问题是，区域反馈市场影响力不够，市场声音太小。

市场人员在办会销、物料支持等区域市场支持上忙得前额贴后脑，再说支持不够就只好加人了。然而加人就一定能解决问题吗?

未必，人力的增加看似做了更多的事情，但是本质问题没有解决，市场效率还是低下，市场管理成本也没有得到优化。

因此，必须从根本上解决这些痛点：

首先，需要分析区域现状，例如市场影响力不够到底是指什么，然后根据痛点来设计相应的市场方案。

其次，需要树立机制，把被动的渠道支持变为主动的市场推进，这样才能做到全国的投入产出可量化和可预测。

最后，渠道运营需要做区分和做试点，让一部分城市先“富”起来，打造城市标杆，从而辐射更多的区域。

3 年多的摸索和尝试，走过许多弯路，踩过很多坑，最后才总结出了一套解决思路：梯队运营、城市培植、多维营销。

（一） 梯队运营

城市渠道模式，不论是城市代理商，还是城市合伙人，不同城市的团队能力、城市资源、客户规模、城市特点，甚至对于市场的意识也是不一样的。

所以，必须根据城市的情况做梯队运营，而不是单纯的规模化投入。

这里的划分标准之一是业绩和城市潜力，依次划分为 3 ~ 4 个梯队，然后以梯队为标准来配置后续的活动战略和城市资源。

一线梯队可以配置更多的活动，打造更多的城市热点事件，并且开始搭建城市生态圈，从而提升综合的输出，树立在当地的行业领导地位。

二线梯队在活动配置上侧重规模化的业绩提升，从而帮助跻身一线梯队。

三线梯队更多的是帮助提升团队的信心，培养他们的市场意识和能力。

（二） 城市培植

如果把除了销售行为之外，其他所有的市场工作都划归市场部门和渠道部门，不仅会导致支持团队越来越庞大，销售业绩也会更早地遇到瓶颈。

深入一线的城市代理商，不论是资源上还是信息上，往往更准确。

因此，城市培植的意义在于培养代理商自身的市场能力。

例如会销，原则上是小型会销完全由代理商自己做，中型会销由市场部门支持做，而大型的会销则由市场部门帮助做。

在此过程中，把做得好的经验形成标准，输出相应的会销指导手册给各个城市。

另外，也需搭建相应的激励机制，例如设立城市资金包和资源包，通过这种方式可以实现公司资源配置效率最大化。

此外，我们还会搭建城市的生态圈体系，通过打通城市的其他行业资源来帮助城市建立可持续的生态发展体系。

（三） 多维营销

会销虽然是解决 To B 销售效率问题的有力武器，但是只靠单一的会销模式是不够的。这里就需要用到多维营销的方法，打造多元化的市场活动。具体有以下四个维度：

（1）规范化提升业绩，例如：不同规模和针对不同行业的会销。

（2）高举高打，例如：抱团进行市场教育、观点输出的行业峰会、媒体峰会等。

（3）强化品牌认知，例如：产品发布会、渠道峰会等。

（4）增值和创新，例如：帮助客户成功的客户研习会、公开课，甚至是一些行业公益活动等。鼓励创新，并且把取得效果的活动进行复制，这样才能始终走在行业的前面。

在铺开战略之前，找准切入点是非常重要的。为什么要找切入点？其实，在此之前，也许你已经在各个区域开展了一些市场活动，做了一些市场支持，但是成效却不明显。

因此，这个时候急需打一场漂亮的战役，一方面增强区域团队对于市场的信心，为后面更多的市场活动打下基础；另一方面，对于公司的管理层，需要让他们先看到效果，便于后面全国方案的推进。

如何选择切入点呢？我们的选择是，在业绩做得不错，也具备一定的市场活动能力的领头羊城市，先做一场大型行业峰会。如果平时的会销是战斗机，一场行业峰会就是航空母舰，它承载着品牌宣传、产品宣传、布道理念、渠道合作、销售促进、事件传播、士气增加等众多功能。区域在销售的过程中，常提到的市场影响力不够往往是指当地客户对公司的品牌认知不够。通过一场大型的峰会呈现，让区域潜在客户和合作客户都对公司的实力、理念、品牌、产品的理解多个方面都有了一个阶梯式的增长。当时每一场峰会后，当地的业绩都创了历史新高。

如何做好这样的峰会，几个要点是：

（1）规模要大。尽量多邀请潜在客户和合作客户，毕竟后面准备的一切都是为了给客户呈现，建议每场规模都在 400 人以上。

（2）内容呈现要好。这里的内容是我们的演讲输出、合作伙伴的分享、现场的呈现，还有后期的传播都要尽力做到最好。

（3）平台要大。不能只唱独角戏，尽可能邀请当地最有影响力的第三方、商圈协会等。

（4）传播很重要。不论是内容的一次传播，还是基于到场的客户的二次传播，我们的目标就是通过这次事件影响更多的行业人士。

做好 SaaS 的市场工作，一方面需要不断总结好的方法，从而形成标准化和规模化；另一方面也需要不断创新标准，市场在变、行业在变，只有保持一颗创新驱动的心才能始终走在行业的前方。

沈立昀，4 年企业级 SaaS 市场经验，7 年互联网市场营销经验，专注整合营销、事件管理、数字营销、品牌公关等多个领域。现就职于小满科技，小满早期员工之一，负责市场从 0 到 1 的搭建。

第三章

SaaS 企业成功的关键是要客户成功

一、

客户成功到底是什么

徐伟　山语咨询创始人

作为全球最大的 SaaS 企业，Salesforce 将客户成功推入人们的视线，并从中受益。反观国内，也有诸多优秀的 SaaS 企业开始利用客户成功策略驱动业务增长，如北森、Teambition、Ping + + 等。

由于 SaaS 独特的订阅模式，伴随市场逐渐成熟竞争日益激烈，企业生存越来越依赖客户成功，可以说“没有客户成功，就没有 SaaS 企业的成功”。

（一）追溯客户成功的起源

说到客户成功，就不能不提到 SaaS（软件即服务）。2001 年前后，随着互联网技术的发展和应用软件的成熟，兴起了一种完全创新的软件应用模式——SaaS。

最早由 Salesforce 开创性地推出按需订购的 CRM 解决方案，客户可以根据自己的实际需求，通过互联网向厂商订购所需的应用软件服务，按订购的服务多少和时间长短向厂商支付费用，并通过互联网使用软件服务。

同时，便利低价切换成本低的优点，为中小企业能使用先进技术提高经营效率开辟了一片新天地。

随着竞争加剧和客户需求不断变化，SaaS 行业面临一个问题：极低的切换成本，导致客户留存成为严峻的挑战。

在过去的软件时代，一套系统的费用至少也得数千美元，甚至数百万美元，销售带来新客户，专业的实施人员上门部署安装，由客户经理或技术支持一起负责售后工作，切换供应商变得无比苦难，供应商处于主导角色。

SaaS 却不同，切换成本极低，客户完全掌握合作的主导权。

唯一的解决方案就是以客户为中心，保证客户的需求被满足，客户能成功，才能留住客户，并持续从客户身上获取收益。

于是，在 2010 年前后，客户成功应运而生。到 2015 年，已经成为一个成熟的领域，并诞生了直接对其负责的岗位“客户成功经理（CSM）”。

未来，除非发生根本性巨变，否则科技的发展只会让客户更有话语权，市场将更加以客户为中心。企业不再讨论是否要做客户成功，而是考虑如何根据客户和业务的情况建立“以客户为中心”的客户成功经营方法。

（二） 客户成功在企业中扮演的角色

先看一张来自美国经纬合伙人 David Skok 在 2017 年 SaaStr 会议（全球最具影响力和代表意义的 SaaS 会议）上分享的图片，客户成功到底处于企业经营中的哪个位置。如图 3 -1 所示。

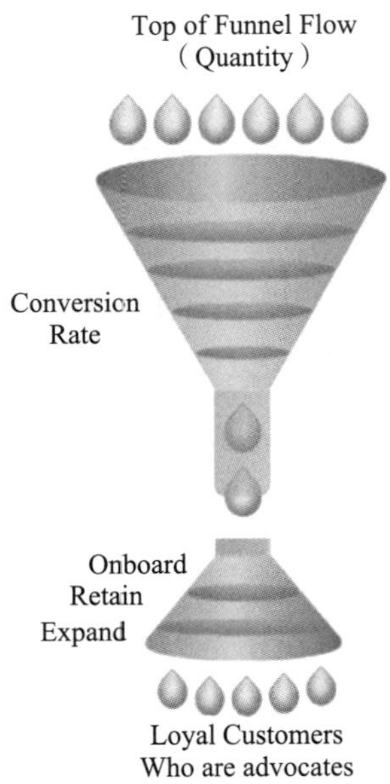

图 3 -1　商业模式的本质是一个漏斗

所有的 SaaS 及订阅经济的企业，商业模式的本质都是一个漏斗，分为售前（获客）和售后（留客），即市场和销售持续获取新客户，不断补充新鲜血液，售后维护好客户，避免流失，并尽可能多收钱。把两者拆开来看：

- 售前（获客）：市场获客（包含线上、线下所有渠道的获客行为）。销售转化（当然，很多低价甚至免费产品没有销售环节）。

- 售后（留客）：新手启动（刚付费之后的产品实施），客户留存，扩展销售，续订。

售前（获客）包含“市场获客”和“销售转化”。假设漏斗初始数量一定，售前的核心指标是转化率，即如何提高每个环节的转化率。对应的概念叫客户获取成本，简称 CAC，是 SaaS 的核心指标之一。

例如一家 SaaS 公司典型的售前路径是市场部通过免费（内容营销、SEO 等）和付费（SEM、电话陌拜、线下场销等）的获客方式，吸引客户来到落地页，根据渠道特点（其实是不同渠道的客户有差异）设计专属落地页，提高用户注册转化率，并尽量在试用服务内让客户感受到产品的价值，帮助销售在最短时间内转化成单。

可以看出，漏斗每个环节的关键指标都是转化率，谁能做到更高的转化率，意味着更高的经营效率，也就占据了更大的竞争优势。这个环节，也是增长黑客（Growth Hacking）聚焦优化的模块。

售后（留客）包含从客户完成签单之后的所有环节，包括新手启动、客户留存、扩展销售、续订，以及续订之后新的一轮生命周期。

对于才兴起的 SaaS 行业，以及更宽泛的需要和客户多次交易的行业，售后的核心指标都是“收入”。对应的概念叫客户生命周期价值，简称 LTV，是 SaaS 的另一个核心指标。

例如 SaaS 行业，通过售前的一系列行为将客户转化为付费客户，相对于这个客户能给客户贡献的整体价值，付费只占据很少一部分。

更多的价值需要通过客户成功策略实现，减少客户流失，提高客户续签率，购买和消费更多的产品和服务，不断拉长客户的生命周期，以及客户生命周期内给企业贡献的价值。

在成熟的 SaaS 领域，广为流传的一句话是：“企业 90% 的收入来自客户成功。”——by Jason Lemkin（投资人、SaaStr 创始人）

（三） 客户成功的价值

可以看出，客户成功主要在售后阶段发挥价值，那么到底有哪些价值呢？

如图 3－2 所示，收入贡献为 × × 的客户，因为客户成功投入程度不同，造成为企业贡献收入的变化差异（收入 = 上周期收入 – 流失收入 + 扩展收入）。

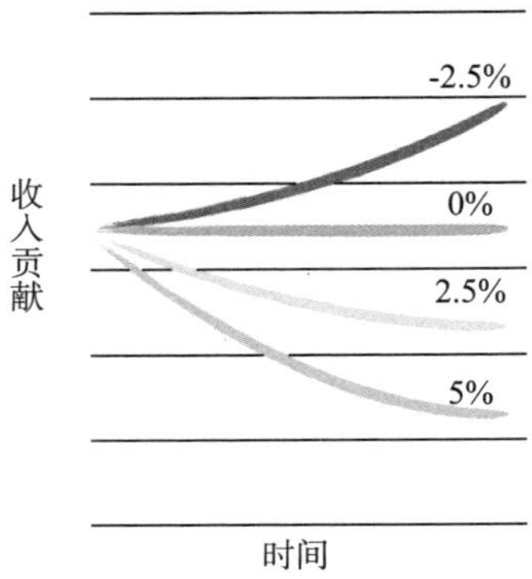

图 3－2　收入贡献

● 第一条线：完善的客户成功体系，虽然有客户流失，但是客户扩展带来收入大于流失客户的损失，实现了收入负流失，收入贡献不降反升。

● 第二条线：客户成功刚步入正轨，客户扩展带来的收入恰好和客户流失的收入损失持平，所以流失率为 0，收入贡献保持不变。

● 第三条线：刚开始组建客户成功团队，还在摸索阶段，虽然已经有扩展带来的收入，但还是小于流失收入，总体收入贡献逐渐减小。

● 第四条线：完全没有开展客户成功，也没有任何扩展销售的收入，流失率很高，收入贡献逐年急速下降。

总结：SaaS 的两个模块分别可以用 CAC 和 LTV 来衡量，而客户成功带来的利好：减少客户流失，让客户继续使用产品/服务（续订），进而购买更多、贡献更多价值（增购）。

口碑推荐给其他客户（推荐）。前两点直接提升 LTV，让客户为企业贡献的价值最大化，最后一点可以大幅度降低 CAC（口碑推荐是获取客户成本最低的方式），这便是客户成功的巨大价值，可以说贯穿整个企业的经营环节。

（四） 客户成功的定义

现在，我们知道，客户成功起源于 SaaS 领域，实际上无论你在经营一家 SaaS 企业，还是在开展订阅付费和会员业务，甚至销售一次性产品或服务，只要你想与客户多次做生意，驱动业务实现降低流失、增加复购和增加扩展销售收入，选择客户成功是必经路径。客户成功具体指什么？如图 3－3 所示。

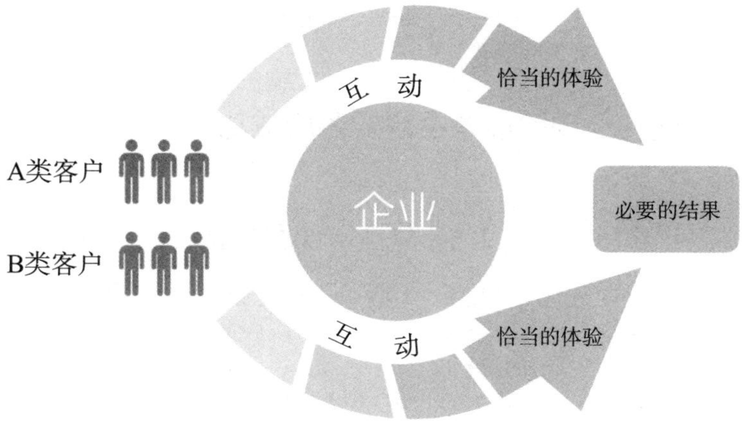

图 3－3　客户成功的定义

（1）从客户角度来看：

客户成功的定义是：“通过与贵公司的互动，客户需求被满足，即客户成功。”

与贵公司的互动：互动不仅仅指“产品”使用，还指客户与公司的所有接触点——从最早的营销和销售，再到新手启动及后续的所有服务。

客户需求：包含两点，“必要的结果”是客户必须要实现的结果，这是客户成功的基础；“恰当的体验”是客户和企业需要怎么做，才能实现“必要的结果”。不同类型的客户需要实现不同的结果，就算是同样的客户，所需的体验也有所不同。

（2）从企业角度来看：

对于企业来说，客户成功更多指的是客户成功管理，即“企业围绕客户在生命周期的每个接触点，主动协调运营，让客户不断朝着需求被满足靠近”。其中，包含推进客户成功策略、组建客户成功团队等。

对于企业来说，要保证增长必须回归本质，必须认识到客户成功是企业目的，而不仅仅是一个手段。开展客户成功也不是只搭建一个专门负责的团队或购买一套监控客户行为数据的软件，而是要带动企业的每个部门认可客户成功，并参与帮助客户成功。

（五）你的企业现阶段是否需要客户成功

企业开展客户成功的目的无外乎是通过提高留存、增加扩展销售等途径，提高客户生命周期价值（LTV），好处很明显。但是，企业是不是应该立即就做起来？

对于一家典型的 SaaS 企业，经营路径有相对通用的阶段定义：

- 寻找 PMF。
- 寻找可重复、可规模化且盈利的增长模型大规模扩张。

（1）寻找 PMF。

PMF，product/market fit，即产品/市场匹配。简单理解就是你的产品符合市场和客户需求，客户愿意花时间和钱持续使用。

这个阶段的重心是不断验证和迭代产品（当然，市场、渠道、模式的匹配也需要同步验证），直到产品确实是客户想要和需要的。同时，需要控制好现金流，保证足够的资金能找到 PMF。

这个阶段，客户并不多，产品也处于并不完全符合市场需求的状态，提升客户 LTV 并不是最重要的任务。但是应该着手储备客户成功相关的人才，最好是能由懂客户成功的人负责，为后期客户成功打好基础。这时候大多属于“救火型”的客户服务，以解决问题为主，一人身兼多职，如客户服务、实施等。

（2）寻找可重复、可规模化且盈利的增长模型。这个阶段的状态：

- 获客流程可重复。

➢ 有销售参与的情况下，招募的新销售能达到现有销售的效能。

➢ 无销售参与的情况下，流量能实现可预测性的转化。

- 获客流程可规模化。

短期内，持续增加流量或者线索等其他资源，都能带来持续增长。

- 获客成本远小于客户周期价值。

一般情况下，LTV 要大于 3 倍 CAC、CAC 要在 12 个月内收回。

显而易见，这个阶段就是两件事：捋顺获客流程（降低 CAC）、捋顺客户成功（提升 LTV）。因此，客户成功需要在这个阶段完成策略制定、组织架构人员配置、工具和财务支持，并且真正实施有效。

（3）大规模扩张。

完成了前两个阶段，就可以进入大规模扩张阶段了，获客端扩张获取大量的目标客户，客户成功端根据客户的类型及增长情况进行相应的团队扩容等操作。

这时候你应该心中有数了，你的企业要不要在当下就做客户成功。

（六）客户成功怎么做

市场越成熟，话语权越回归到客户手上。他们不断接收到来自各企业的信息轰炸，客户购买和使用产品的路径比任何时候都要复杂。尽管如此，万变不离其宗，几乎所有的 SaaS 企业的客户都会遵循一个固定而通用的生命周期，如何在客户的生命周期中满足需求，就达成了客户成功。如图 3－4 所示。

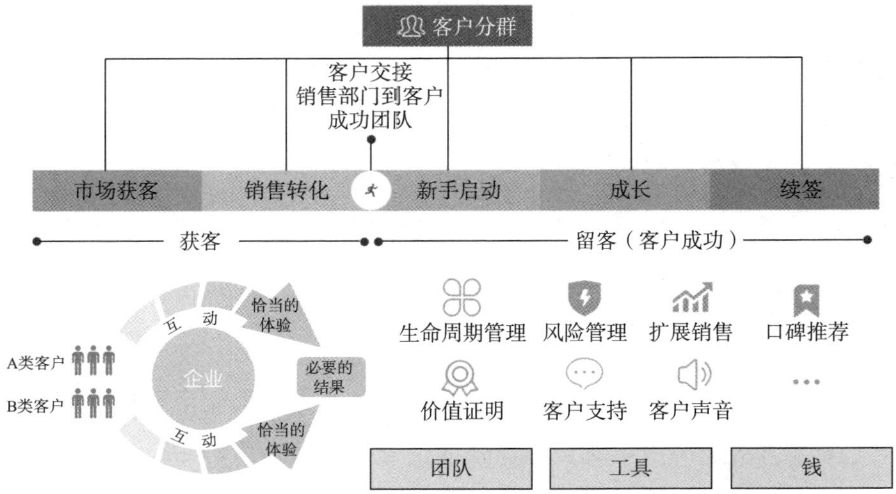

图 3－4　客户成功管理路线图

（1）客户生命周期管理。

客户生命周期分为 5 个阶段：市场获客、销售转化、新手启动、成长、续签。

阶段 1：市场获客。

这个阶段是客户首次被触达的时候，也是客户生命周期的开始。

这个过程中，市场部门要做的就是确定哪些渠道在推动品牌知名度和线索转化最有效，找到更适合自己的获客渠道。

阶段 2：销售转化。

一旦潜在客户留下线索，除了提高产品试用期体验，让客户尽早获取产品价值，提高静默付费转化之外，更主要的是销售人员进行转化。

阶段 3：新手启动。

从这里开始，就进入客户成功部门真正发挥价值的阶段了。

客户付费后的第一个阶段是新手启动，一般是客户付费后的 90 天，这个阶段必须是客户成功团队最应该关注的，根本目的是让客户尽快开始使用产品或服务，并从中获取价值。

这里需要注意的是主动运营和管理，及时把他们拉回到正确的轨道上。毕竟他们在没有引导和帮助的情况下使用产品可能不会成功，反而变得沮丧，甚至后悔购买。

一般来说，新手启动阶段的关键指标是：客户经过多长时间后，通过产品获得了初始价值，并真正开始使用产品。为了完成这个目标，需要提前制定客户在这个过程中必须要完成的所有里程碑，并制定策略一步步推进客户完成。

客户成功里程碑（Success Milestones），一般根据不同的业务流程进行规划，即客户实现不断发展变化的需求，在客户生命周期的不同阶段，需要完成的任务或达成的阶段性目标。

阶段 4：成长。

成长阶段一般指客户付费后的 90～270 天，客户进入正常的产品使用时期。如果客户保持活跃，代表了产品已经成为客户日常运营中不可或缺的组成部分，在这种情况下，客户续费的可能性将大大提高。

如果客户通过了新手启动阶段，意味着客户已经在你的产品或服务中看到了明显的价值，而在成长阶段，核心指标就是客户留存，一般通过监测客户的产品使用度、服务、NPS 等数据，及时跟踪客户状况。

同样，在这个阶段也需要为客户制定阶段性里程碑，明确客户的理想路径和指标，及时发现风险并主动出击，避免客户流失。

阶段 5：续签。

续签阶段一般指客户合同终止前的 90 天，这个阶段的目标是尽可能延续客户采购产品或服务的合同。

这个阶段的重要性不言而喻，多数时候获客的成本远远高于挽留老客户的成本，况且很多 SaaS 企业面对客户一年的合同很难收回成本，需要让客户持续订购产品，提高客户生命周期长度和贡献的价值，才能持续性增长。

一旦进入最后的续签周期，必须有针对性的策略开展续签。

最后，需要注意的是在阶段 2 和阶段 3 中间，客户如何从销售部门顺利交接给客户成功团队，包括交接的客户信息、交接的方式等。如果这个环节没有做好，会直接影响后续的各个环节。

上述介绍了完整的客户生命周期，其中，“阶段 3：新手启动”“阶段 4：成长”“阶段 5：续签”属于客户成功覆盖的部分，也是我们需要重点关注的地方。

（2）客户分群。

不同的客户有不同的特征或需求，无论客户处于生命周期的哪个阶段，企业中的各个部门为了能完成既定指标，都需要了解客户属于什么分群，如何才能被有效满足。如果面向所有的客户都使用同样的策略，一定事倍功半。

客户分群早先被应用于市场部门，通过分析各个客户分群的客户的相似性，例如需求、购买/消费特征（对营销文案的识别度、市场渠道、销售渠道等），评估市场的潜力客户，从而帮助市场部门更高效地获客。后来广泛应用于每个跟客户有关的部门，包括销售部门、产品部门、客户成功部门，特别是客户成功部门。

（七）客户成功策略

客户生命周期管理、风险管理、扩展销售、口碑推荐、价值证明、客户支持、客户声音等，组成了完整的客户成功策略。它们穿插于客户生命周期的每个阶段，或帮助客户安全健康地度过某一阶段，或帮助企业提升客户的 LTV（客户生命周期价值）以提高企业收入。

（1）客户生命周期管理。

根据客户和业务模式的不同，对不同分群的客户，在他们的产品和服务旅程（journey）的不同阶段，包括新手启动、成长、续签等，提供针对性的客户成功管理活动，包括培训、周期性业务回顾等，旨在持续帮助客户实现期望。

（2）风险管理。

在现代市场中，已经完全转变为买家市场，消费者是真正的上帝。在 SaaS 或持续性收入领域尤其如此，对于一家企业来说，维护好现有的客户远比获取新客户的成本更低。

而客户风险管理是提升客户活跃/留存最有效的方式。企业根据实际情况，构建客户健康度体系，实时监控客户行为等方面数据，让客户成功经理可以提前预判，及时主动干预，采取相应的流失挽回动作。

（3）扩展销售。

扩展销售是客户成功驱动业务增长最有效的手段之一，优秀的 SaaS 企业在停滞获取新客户的情况下，可以实现收入不减少，甚至有可能增加。

如果持续以鲁莽的方式、追逐加价等方式获取利润，而不关心客户是否获得价值，客户迟早会对你失去信任，并最终离开。

正确的做法是尽可能帮助客户从你的产品或服务中获取更多价值，在关注客户成功的前提下，在正确的时间通过正确的信息传递，开展扩展销售。

（4）口碑推荐。

客户使用产品和服务满足需求之后，如果还愿意把产品推荐给朋友、同行，甚至陌生人等，这就是我们常说的口碑推荐。对于一家企业服务公司，口碑推荐务必要当成获客成本最低的最有效的获客渠道。

你要想方设法，先将客户培养成品牌热衷者，然后组织并动员这些人，构建口碑营销体系，获取更多高质量的客户。

（5）价值证明。

从另一个角度看，客户成功其实是基于更完善、更全面的客户数据，进行客户洞察，解除客户风险，满足客户需求。

在企业外部，必须不断向客户证明产品和服务的价值，以及给客户的投入产出，进而促进“扩展”“口碑推荐”和“企业增长”。

在企业内部，必须向管理层甚至全公司分享成功结果，证明客户成功团队的贡献，以及为企业带来的价值。

（6）客户支持。

在客户整个生命周期内，必须要让客户的任何问题都能得到及时准确的响应和解决。同时，在过程中跟踪提供服务的有效性，时刻关注客户体验，衡量指标包括但不限于：响应时间、接起率、一次性解决率等。同时，不断尝试以更加主动的方式，提前预测风险并解决。

（7）客户之声。

客户之声（VoC，Voice of the Customer）是推动全公司为客户提供价值和实现客户满意的关键部分。包括旨在获取客户洞察，客户反馈闭环，确定产品改进优先级，进而让客户成功和满意。一般可以采用 3 个步骤构建 VoC 流程：

聆听：不断给客户提供低成本便捷的反馈通道，实时获取客户反馈。

行动：收到反馈，及时回复。

分析：根据目标评估进度，及时进行衡量改进。

（八）企业所需给予的支持

上面介绍了客户成功的“道”，即是什么、为什么、什么时候做，以及“术”，即怎么做。有这两点还不够，需要正确的“人”才能落地，“人”包括恰当的组织架构和合格的人才。

为了准确洞察客户、高效协作、规模化运转，还需要“器”，即客户成功工具的支持。不过国内专做客户成功的工具还是空白，只能多工具串联，外加自助开发，勉强满足需要。

“财”就理所当然，“人”“器”都需要足够的预算才能实现，那么在内部证明客户成功的价值，获取足够预算，就变得尤为重要。

徐伟，山语咨询创始人，有赞（电商和零售 SaaS）早期员工，“企业全员开店”项目负责人，后续负责旗舰产品“有赞微商城”的增长和客户成功。现创立山语咨询，专注为 SaaS 和订阅模式的企业提供“客户成功”战略和 IT 咨询。

二、

从提供软件到传达理念和知识，这才是 SaaS 企业应该创造的价值

任向晖　明道创始人

我用过最早的 SaaS 产品应该是 Basecamp①。那时候创造它的公司还叫 37Signals②，打动我的不仅仅是在 Web2. 0 时代开创性的项目管理 Web 应用，还有这家公司把敏捷开发的协作模式用软件方法直接传授给了用户，当然也包括我们的团队。

37Signals 的总部在远离硅谷的芝加哥，2004 年 Basecamp 面世的时候，整个硅谷还没有从 2000 年的泡沫破裂中涅槃重生。可以说，后来诞生的绝大多数互联网创业企业的产品研发管理都受到了

① 一款团队协作的软件。
② 美国一家私人控股的网络应用公司，是创造简单专一软件的小团队。

37Signals 的方法论和工具的影响。他们团队所写的《Getting Real》和《Rework》也成为商业领域的畅销书。

过了将近 10 年，这套基于工作列表和内容共享看板的思想才又一次被硅谷的新创公司复制，诞生了 Trello（一款任务管理软件），Asana（一个团队任务管理平台）这样的新兴产品。

这一代新兴产品的社交模块和交互体验做得更好，但核心思想依然来自看板这一套。可以这么说，如果你使用了 Basecamp 或者 Trello，那么你的团队协作模式也就一定据此确定。

在协作 SaaS 门类中，市场领导者几乎确立了标准方法，但这个方法也绝非 37Signals 原创而来。在 Basecamp 产品诞生之前，已经有先锋性的软件开发群体开始倡导敏捷开发模式，甚至他们也借鉴了制造业的看板管理工具，但 Basecamp 创造的价值在于它将特定行业的先进运营模式抽象成一个普遍适合的方法，去掉了行业局限，并且将这个流程用软件定义成范式（paradigm）。协作 SaaS 把项目管理的理念和方法从 20 世纪 70 年代的时间资源管理控制模式迁移到了协同沟通为核心的新模式上。这也是现代 SaaS 的项目协作软件几乎都不提供甘特图[①]的原因。

和 Basecamp 创造和传达的新模式不同，Salesforce 在 2000 年左右推出的销售自动化 SaaS 基本直接利用了西方企业销售管理中普遍认可的漏斗模式（Sales Pipeline），它把复杂化和多样化的销售过程抽象成“潜在客户到真实客户的转化阶段变化”。依附成交机会的阶段迁移，销售人员通过软件进行记录和分析，从而帮助优化整体转化率和销售资源配置。Salesforce 没有创造任何管理模式，但成功地在软件中策展了这项管理知识，而且它的呈现和传统软件、纸面记录非常接近。如图 3 - 5 所示。

---

① 又称横道图，即以图示的方式通过活动列表和时间刻度形象地表示出任何特定项目的活动顺序与持续时间。

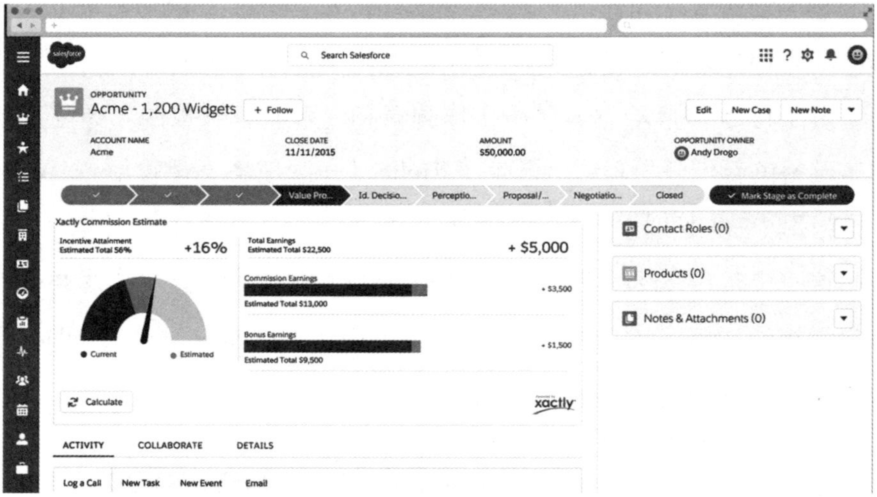

图 3－5　Salesforce 页面呈现

当然，后来 Salesforce 已经延伸到销售漏斗管理以外的领域，甚至通过开发平台来覆盖各种弹性需求。理论上，开发平台可以搭建出任何信息系统，但 IT 上能够做到的事情未必能够直接产生价值，因为任何一种信息系统的设计，要么是某家具体企业的需求指示，要么就来自一种运营模式和方法。

所以，你可以看到在 Salesforce 的 AppExchange① 中，不仅列出基于 Salesforce 扩展的软件，还包括全世界的顶尖咨询机构。

这样的例子几乎在 SaaS 软件的每个门类都很普遍。一款 SaaS 软件在被主流客户接受前，必然需要通过软件来传达出一种管理和运营方法，而这个方法对于用户的价值显然要超过使用一款软件来解决的 IT 问题。在垂直行业领域内，这样的规律更加明显。如果一家饭店接入了一款餐饮业 SaaS，那么从店铺营销、菜单管理、进货管理到收银财务，就不得不全面接受这套方法的要求。反过来，如果某个饭店希望根据自

① Salesforce 自定义应用程序发布和共享中心，由 Salesforce 公司及用户贡献的 500 多种应用程序。

己过去的运营流程，要求一家软件公司帮它定制一套软件，那么客户得到的只能是 IT 价值，但它几乎必然劣于公共方案。一家餐饮业 SaaS 公司如果不能在运营流程上给客户带来明显的效率提升，它绝无可能赢得客户。

软件需要传达运营知识和方法，并不代表软件厂商需要自己去原创这些内容。我也几乎没有看到过软件公司独立创造出企业运营和管理方法的例子。真正有价值的方法一般都来自企业实践，甚至是全行业实践的融合。SAP 诞生在德国并不偶然，在 1972 年创办时，整个德国的先进制造工业已经为软件的定义提供了大量的方法依据。创始人迪特马・荷普等人以前是 IBM 的咨询人员，但他们发现自己的客户正在试图开发类似的软件来满足业务流程中的一个共性需求（让工厂财务人员获得实时数据），因此他们意识到应该提供一种标准化的软件工具，并通过它来集成业务流程和进行实时的数据维护。第一年 SAP 就凭借这款软件获得了成功。理论上说，SAP 软件背后的理念和方法几乎全部来自客户，但是它的软件产品融合了来自客户运营方法和需求的核心，并通过软件的范式传达给更多的企业。利用德国制造管理的先进优势，SAP 很快将业务拓展到泛欧和美国市场。北美客户接受的实质并非 SAP 的软件，而是背后的精益制造管理的理念和方法。

既然软件的价值都来自理念和方法，那么新进入 SaaS 市场的企业还有没有机会呢？企业的运营知识是否已经被各大软件巨头掏空了呢？如果是这样，一个新创的 SaaS 产品只能拷贝某个标杆产品的理念，做出一个蹩脚或者最多一样好的复制品，毫无疑问这是无法创造价值的。对于中国的 SaaS 产品来说，我们还能否传达不一样，但却有价值的管理理念和方法？

显然，这样的机会并不少。

最明显的机会存在各个垂直行业中。正如前面提到的餐饮业例子，因为营销环境、人力成本的快速变化，今天的餐饮业已经不再是信息技术的被动接受者，而是在主动寻求机遇。

除此之外，金融、房地产、医药、教育等主要行业也都充斥着这样的机会。也难怪，在过去的两年中，大多数的 SaaS 创业都聚集在这个大领域。好在市场足够大，好像大家并不在意激烈的竞争。但谁会胜出呢？当然是看谁能够最快获得行业的标杆客户，那么标杆客户又凭什么选择这家或者那家呢？当然是看软件背后的理念、方法和流程能否帮助客户解决问题。

我最近看到酒店和公寓管理领域的产业 SaaS，已经不满足于仅帮助客户梳理和运营流程了，他们甚至已经开始通过物联网的整合帮助客户开发新的业务机会，例如通过集成的计费系统帮助增销宽带服务、洗衣服务；通过大数据帮助识别潜在的群租违约行为。这些场景的确没有出现在这个行业过去的运营实践中，它是软件开发者和新技术环境催生出来的好东西。

在通用软件领域，这样的机会同样很多，尤其是中小企业市场。这个市场是传统 IT 服务的真空地带，大多数应用在大企业的运营技术即使被局部引入，也绝没有一套有效的 IT 系统来完整支持。CRM 是一个典型的需求领域，围绕这个领域创业的 SaaS 公司非常多，迄今还没有一个产品能够结合本土需求，传达出有效的运营方法。有的虽然舶来了销售漏斗理念，但产品本身并没有清晰地呈现这个模型，相反被无厘头的销售外勤打卡（这背后也有一个理念，只是不正确而已）特性所掩盖。

理念的传达也不能是过于概括的原则，即使正确的原则也不能帮助客户有效利用这个模式。例如我们所在的协作 SaaS，一早就鲜明地建立了“围绕任务的扁平协作”理念。

大多数客户也都认可这个理念，但和前面提到的正面例子相比，早期的协作 SaaS 还没有能够传达到具体的运营知识和方法层次，这会让客户无从下手。我们正在迎头赶上，在近一年中，国内外的协作 SaaS 几乎都意识到了这个问题，正在做出针对性的产品加强。Teambition①、Worktile② 和我们明道都推出了任务的自定义功能，而且提供了让客户可以开箱即用的行业或职能模板。

这些模板中，除了“产品研发”这个类别来自我们的实践，其他的模板大多来自行业实践的融合，而不是我们自己的创造。我们所要做的是设计出高明和可靠的架构，让各种需求都能够被弹性满足，让客户用很低的成本就能够实现自己最想要的运营和协作工具。如图 3 – 6 所示。

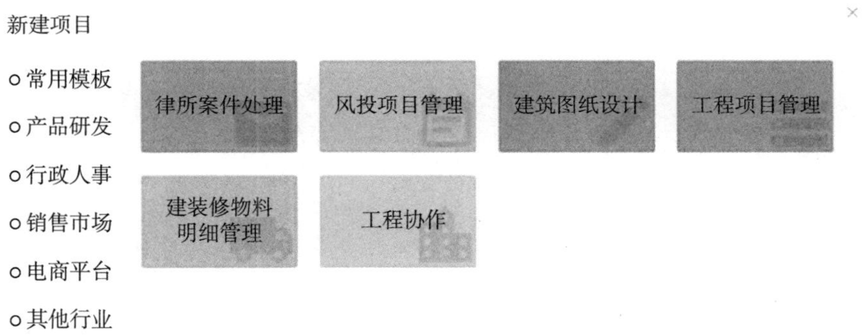

图 3 – 6　行业或职能模板

难怪 SaaS 公司的营销组合中都不会离开内容营销。但内容营销的逻辑并非是做出了软件产品以后再去找一些关联内容传播，而是在产品设计过程中，就已经亲自策展了这些知识。为了做好这个行当，我个人搜集了硅谷大概 100 家顶尖 SaaS 企业出品的电子书，这些电子书不仅让我了解到了一个好产品，也让我学到了很多运营的方法和技巧。我把

① 一款项目协作工具软件。
② 一款团队协同工具软件。

其中几十本允许转载的电子书加入一个文件夹里。

所以，一家 SaaS 软件公司最终会成为一家知识策展机构。它不仅要有设计师和工程师，还要有观察和研究企业运营的专业人员。所谓客户成功部门，不仅仅是自家软件功能的培训师，更是企业运营知识的传播者。

三、

SaaS 已不仅仅是“服务即营销”，跳出局限才大有作为

童继龙　明源云副总裁

谈客户成功的时候得想一个问题：过往做传统软件或者其他业务，客户成功可能没那么重要。为什么在 SaaS 里客户成功会变得如此重要？讲客户成功的时候都会谈 SaaS 的商业模式，这决定了 SaaS 的盈利周期只能是三年以后：第一年是投入，第二年有一些收入，第三年才盈利。

做 SaaS 本身较新，客户成功理念从美国传入，在国内面临“水土不服”。

（一） 客户成功的理念和企业价值观

客户成功理念：帮助客户的用户成功（T2B2C）。

T2B2C 这个逻辑和理念是普华永道最近一段时间提出来的，讲的是打通并优化价值链 T2B2C 模式。所有 C 端有场景，真正的 B 端有决策权（赋予预算的权利），T（Technology）是我们能够持续存在的价值。

我们以为自己是技术创新型公司，其实不是，因为真正有技术的公司不在我们这里。在生态平台格局上的三个梯队是：

第一梯队，BAT。因为它们具有全生态链平台的能力，所有的技术布局，包括云计算、大数据、人工智能。在美国，则有谷歌、facebook、微软。

第二梯队，360、新浪、用友，它们在某一个领域有自己独到的能力。

第三梯队，饿了么、京东金融、携程等，真正垂直在一个领域做布局。科技赋能的深度及行业覆盖的广度，在了解未来核心能力的时候，需要找到开拓市场切入点的突击手。例如 EC（六度人和），很典型的腾讯系，但并非完全依赖腾讯，而是在腾讯的基础上打造自己独特的能力。

回到 SaaS，客户成功在企业流程中的根本逻辑是什么？是每一步转化率都要量化到数字并记录。《增长黑客》一书特别提到 AARRR 模型，这是用户运营和用户增长最基本的模型。这个模型讲的不是售后环节怎么办，因为客户成功不是售后，而是从最早的商业模式设计，关注每一环节的运转。

做营销时会问：当通过多种方式获取用户之后，如何激活用户？如何提高留存率？用户在一周、两周、一个月、两个月……之后还在吗？还会不会续签？

我们都想做 SaaS，但是一旦碰上大客户合作项目，“对不起，这个 SaaS 我不接受”，应该如何应对？有三种典型的应对方案：第一，初创公司，先找一个客户中了项目再说，这是为了获取行业认知和客户资源；第二，先做好项目再做产品；第三，只找愿意接受 SaaS 模式的客户。其实，这需要根据企业的具体情况而定。如果企业资金链非常紧张，没有外部投资，往往选择做产品，因为活下来最重要。如果产品设计已经有天使或者 VC 帮忙，则坚决挑对的客户，因为初创公司资源有限，一年做两三个项目，基本会吃掉所有的资源。

什么叫战略？战略要做选择，不可能既要这样，又要那样。在几个选项里只选一个，踏踏实实做项目，培养团队，做好公司的资金链，胜过一心二用。你的左手跟右手打，团队会崩溃的，客户对你的认知也不清楚。

另外，也需要将客户分群。做大 B 的客户成功体系跟做 C 和做小 B 不一样。

很多互联网公司真正做运营的时候，到了一定规模会做什么？拉新的打法从市场到销售转化这个闭环是如何做用户细分，找到合适的互动方式，建立连接，成为客户，然后进入生命周期管理，形成口碑，做客户支持，倾听用户的声音，做价值证明，再拓展销售，这是另一套方法论。

销售拓新客的时候很难，但是客户成功的用户起点低，可以制定更多工具去维系老客户，增购、复购、续签的客户和新客户形成的收入结构不一样。

重新定义 SaaS，SaaS 之前都理解为“软件即服务”。我们有另外两个定义：一个定义是“服务即软件”，例如通过软件打车、订房间，包括现在链家推出来的二手房贝壳就是这种模式。实际上，在我们内部管理领域，如果想成为一家 SaaS 公司，需要定义为“服务即销售”。这里有一个专业领域叫服务营销。

在业务上，以让客户成功为出发点，首先是利他，然后才是利己，这样的逻辑才能设计出好的客户成功体系。如果你的产品力做不到非常明确的用户价值的彰显，这个时候只能做运维和客服体系，就是客户服务，而不是做客户成功。

（二） 帮助客户成功定义到价值观中

把客户成功定义到价值观中，我们提的是追求极致，让用户成功；勇于担当，为结果负责。用户成功导向，要做的事情是以客户和用户的结果为驱动，形成组织效应，这就意味着要对企业的组织和激励机制进行设计。

担当和负责任的难点在哪里？客户很重要，订单也很重要，事业部的业绩不好，是签单还是不签？不签，事业部就解散了，并且会被竞争对手签单，你的阵地就少了一个。主要考虑的是我能不能帮客户成功，我能不能让用户最终成功。如果能，即便短期利益受损，但是从长期（一两年）合作角度来看，能够看到收益回报。这背后的逻辑是什么？首先，让客户成功；其次，员工的收益有保证；最后，你考虑了股东回报，股东可以接受短期投入，但是很难接受在某一些领域持续投入不挣钱。

华为为什么能成功？“以奋斗者为本，以客户为中心，长期坚持艰苦奋斗。”他们将这三句话分别写成了三本书。你如果在某一个市场中做到行业龙头，你所付出的努力和艰辛一定比别人高百倍。

根据商业模式制定客户成功战略。公司的商业模式和客户成功战略是什么？推荐一本书——《商业模式新生代》，讲的是公司如何设计商业模式。每家公司有两个核心闭环：第一个闭环是产品；第二个闭环是用户和客户。两个闭环靠核心价值设计，实现市场驱动。如图3－7所示。

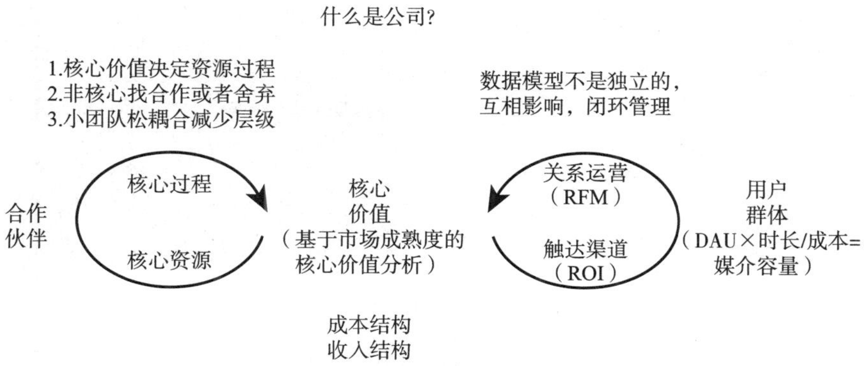

图3－7　两个核心闭环

支撑闭环成立要计算成本结构和收入结构。互联网看的是用户群里是什么？DAU×时长/成本＝媒介容量。DAU（日活跃用户数量）是很多互联网公司用的用户质量。如何触达用户呢？一定会涉及与用户、客户的关系运营模式（RFM），通过渠道触达，构建企业在用户面前的品牌认知。CSM是触达渠道里成本极低的，新客户拓展的成本比较高。老客户持续运营的成本是新客户的1/7。透彻分析用户，然后回到产品，统筹核心资源，例如优秀的工程师、产品经理。

1. 客户成功的组织设计

客户成功的本质：精细化的客户运营，帮助用户全力开发产品价值。产品帮客户解决什么痛点？实际上分为健康度和温度，4个区间，落在这个区间就意味着客户对系统使用频率最高，应用效果最好，当然付费意愿也是最好的，这是你最想要的客户。如图3－8所示。

健康度和温度分别是什么？健康度是从付费意愿角度来看，温度是指用户黏度指标。根据用户的健康度和温度指标，我们将用户分成4个象限：

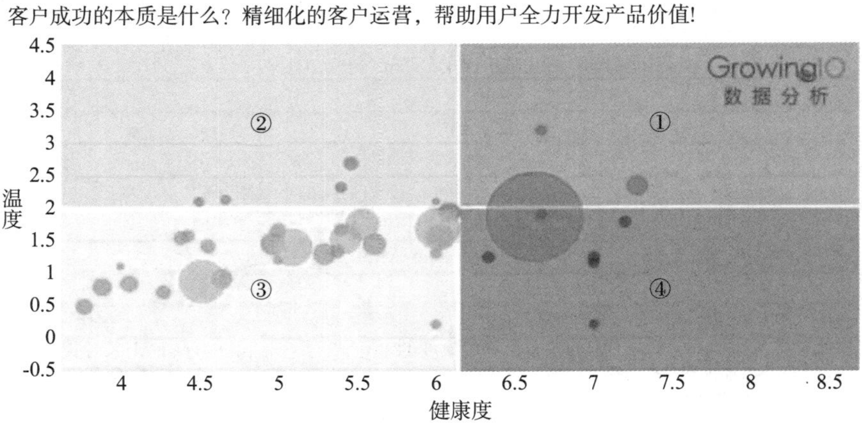

图 3－8　客户成功的本质

（1）右上角的用户，购买意愿高、使用频率高，这是非常优质的用户，我们称之为“红地毯”区域。我们希望这些用户尝试产品新功能，并优先推出新功能让这些用户使用。

（2）左上角的用户，购买意愿高、使用频率低，我们需要推动这些用户尽快成单。把这些用户变成客户，然后培训引导向右上角推动。

（3）左下角的用户，购买意愿低且使用频率低，我们先鼓励用户使用产品。通过慢慢引导用户使用核心功能、留存度高的功能，让用户发现我们产品的价值。

（4）右下角的用户，购买意愿低，使用频率高，这个时候我们就要了解一下原因。这种类型的客户在我们平台上消耗了大量的资源，但是付的钱往往不能覆盖成本，甚至没付钱。而在这背后要做数据闭环和关系闭环。运营的所有动作的设计都是为了让用户更好地完成核心动作。特别是这类的客户，我们有时候会想说他在我这里跑，跑完以后体验不好，那么一定是我们没有为用户形成闭环。

每个公司都要评估自己跟客户站在什么层级合作。讲客户成功，需要区分自己是交易型的销售，还是战略达成企业级的销售。因为产品层级不一样，客户设置的组织不同。总裁级，是解决战略合作，解决组织问题。业务领域级，是提供方案，解决业务问题。个性化服务是根据需求，在标准的基础上提供“优质”的产品服务。

公司当前处于什么阶段，不同阶段需要重新定义客户成功。公司规模不同，客户成功程度不同。5～20 人的企业，没有专门的客户成功团队，此时需要统一路径，例如从邮件、QQ、微信，到最后找一个同事帮忙做问题和内容的梳理转发。甚至说这个时候你的客户数量极少，20～100 人的时候你可能会有一个人或者两个人开始去做这件事了，但是这个时候他还是客服。

2. 华为“铁三角”的精髓

华为典型的组织模式叫“铁三角”，三个关键角色客户经理、解决方案专家、交付专家组成的工作小组。华为做 To B 业务，客户是运营商，仅盯着一个客户，盯 3 年不出单，看似不正常，但是拿下客户，相互之间的关系就是 3 年、5 年，甚至 10 年，所以“铁三角”模式的背后是高度锁定的经营模式。“铁三角”的能力里面，客户经理（AR）职责是保证客户满意，跟客户建立良好的关系，盈利性销售也同样重要。解决方案专家（SR），职责是提供满足客户需求的有竞争力的解决方案，做大 B 的客户这个很重要。交付专家（FR），职责是确保灵活的契约式的交付。

3. 客户成功团队的北极星（Magic Number）指标是什么

一个岗位真正有独立价值，如何定义它的北极星指标？如果定义的目标是用户增长，那么这个岗位会更偏市场性。如果定义的是用户访问时长，重点就落在了琢磨如何让用户停留的时间更长。如果定义的是老客户续费率，而客户成功岗位上的人若是合伙人，就没问题；若是员工，就不行。SaaS 是典型的合伙人团队，在创业初期，可以不要销售，但需要有敏锐的用户成功的洞察能力，最好是合伙人团队之一，且这个职能是要持续下去的。

客户团队成功负责人未来的发展方向——首席增长官，背后应该是 CEO 的合伙人。如图 3－9 所示。

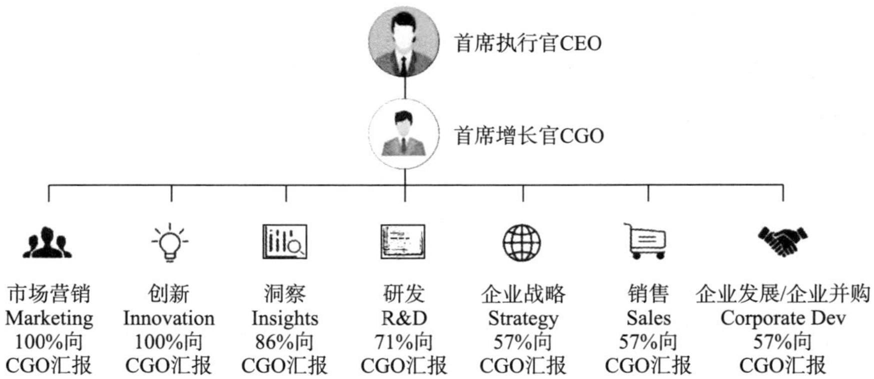

图 3－9　首席增长官以及数据和技术扮演的角色

SaaS（Services as a Sales）——“服务即销售”，不是自己想要这么做，而是现在必须要这么做，必须的原因是从商业模式到组织模式设计，再到人员的选择。

童继龙，明源云副总裁，香港大学 ISBT（信息战略与企业转型）研究生。资深阅读者/笔记达人，《P 道理－ERP 项目实施手记》作者之一。从 2014 年起作为公司战略和运营负责人，推动明源云的“互联网＋”战略转型，主导或参与了全新愿景与战略的设计、企业扁平化组织设计、合伙人激励机制、关键岗位的能力提升方案设计，并用 3 年时间推动企业成功实现转型。

第四章

做 SaaS 必须要做 PaaS 吗

一、

PaaS 到底是什么

李令辉　美洽总裁兼 CTO

在 2016 年，SaaS 公司走大客户方向，已成为行业的基本共识。大客户方向就难免会遇到不断变化的定制需求，是否一定需要 PaaS？在这里，我们将结合企业级市场现状和 PaaS 的技术挑战，深度解析到底何谓 PaaS。

本文内容来源于崔牛会创始人崔强与 PaaS 实际操盘手李令辉的访谈。

崔强：我一直想找人从技术角度给大家讲 PaaS，能不能跟大家先讲讲你的背景？

李令辉：我亲身参与过 3 次 PaaS 的构建：

第一次是在豆瓣，我在平台团队做架构师，当时豆瓣内部就打造了国内互联网比较早投入生产环境的 App 引擎基础设施 DAE（豆瓣 App 平台架构）。

第二次是在滴滴，我作为首席架构师和技术委员会主席，带领滴滴基础架构团队打造 PaaS 的通用中间件，来应对业务的高速发展，提高业务研发的效率，统一解决复杂、艰难的业务技术问题。

第三次是一年以前在美洽，带领团队从零开始做了一个比前两次都更复杂和强大的 PaaS，现在已经上线了。所以讲这个话题，我还是有一定实操经验的。

崔强：不同 PaaS 之间的能力差异性确实很大，令辉想从哪里开始谈这个话题?

李令辉：在从技术角度讲 PaaS 之前，我想先讲讲对企业级市场的宏观理解。

在 iPhoneX 发布之后，苹果首席设计师 Jony Ive 接受《纽约客》主编采访时，说了一段话，我很认同。里面谈到了 iPhone 为什么会诞生这个重要问题。Jony Ive 说是因为苹果受不了当时使用的那些手机，认为它们都枯燥无味并且粗制滥造。

想想在诺基亚、摩托罗拉、阿尔卡特、西门子等繁盛一时的功能机时代，相当长的一段时间内，诺基亚每年的研发费用都数倍于苹果。

为什么苹果这个毫无手机行业经验的外来人，把手机行业带入了一个新的篇章? 因为只有苹果看到了未来，没有被现有成果所限制，直接去追求代表未来的更先进产品。

大家看到 Salesforce 市值（这里的市值指截止到 2018 年）700 亿美金、SAP1400 亿美金、Oracle2000 亿美金，数字之下，也带动了中国 SaaS 的创业热潮。

这里隐藏着一个巨大而又被忽略的风险是，这些公司会不会是上一个时代的诺基亚? 这个行业里会不会诞生像苹果一样的公司?

有些国内公司对 SOS（Salesforce、Oracle、SAP）是在复制追赶，事实上，类似 Jony Ive 描述的，这个市场需要的是“受不了它们的枯燥无味并且粗制滥造”的公司。

当然，在产品技术上要做出比 SOS 强一个时代的 PaaS 及 SaaS 体验，成本上达到一个数量级的降低，在中国乃至全球市场取代 SOS，这很难。

事实上，之前大家觉得去 IOE（IBM、Oracle、EMC①）也很难，阿里巴巴还是做到了，之前大家觉得去思科、爱立信很难，华为还是做到了。我们相信在这个新时代，在应用软件领域，也一定会有中国公司脱颖而出，引领世界。

崔强：你的这个目标很大胆，能不能具体讲讲 SOS 有哪些让你觉得“无法忍受”，或者说不够先进的地方？

李令辉：SAP 的生产型 ERP 和 Oracle 的数据库不在我说的范围内，我指的是 SaaS 及应用软件部分。

Oracle 的 SaaS 大部分是收购而来的，产品的迭代速度极慢，另外各收购产品之间不是原生就打通的，要分别集成，整合数据，产品一致性和灵活性都有一定的问题，云产品的服务器不在国内，访问速度比较慢。

SAP 的云化刚开始，但 SAP 的思路并不是很现代，东西越做越贵，HANA 是一个完全基于强大硬件的内存解决方案。在大流量下，高昂的单位成本几乎是不可接受的，中国互联网企业都在去 IOE，SAP 比 IOE 合起来还贵，效率明显低下。

互联网的技术方向是用廉价的硬件加全新的分布式技术来解决这类问题，数据量越大，技术成本就摊得越薄，效率就越高。

---

① 一家美国信息存储资讯科技公司。

其实这三家里面，产品体验最好的当属 Salesforce，但是由于所处时代的限制，在今天看来，它有很多地方也无法忍受。

例如依赖昂贵的 Oracle 数据库，因为数据库底层的限制，OLAP（指对多维数据的分析查询）方面的能力不是很强，因为使用的技术都不是互联网时代出现的针对大流量大数据的技术，所以遇到 To C 的使用场景，单位成本非常高昂。

因为限制只能使用 Apex 语言（一种语法类似 Java 的编程语言）做二次开发，导致对开发者限制很多，无论是学习还是开发门槛都相对较高，并且 Salesforce 坚持不提供私有化服务，导致在一些领域无法推广。Salesforce 的服务器也不在中国，访问速度较慢。

另外，中国市场有自己的特殊性。

例如世界领先的电商渗透率、移动设备渗透率、未来的物联网渗透率、4G/5G、移动支付的普及率、小程序等连接线上线下的平台强大性，企业对人工智能的开放程度、互联网转型的急切心态等。

SOS 等国外大厂调整产品，满足国内客户需求的速度也是难以忍受的，这方面我们会做得更好。微软现任 CEO 萨提亚・纳德拉（Satya Nadella）上任时就对全体员工说："我们这个行业不尊重传统，只尊重创新。"

21 世纪的科技巨头和繁荣的开源社区创造了很多先进优雅的技术，我们的起点在 2016 年，世界已经和 20 世纪大不同，社会的每一个环节都被改变。这么多年里，快速发展的互联网行业从根本上改变了 IT 行业的基础和格局，我们依托这些伟大的创新，站在巨人的肩膀上，当然有机会做出一个新的 PaaS 平台，比 SOS 更先进，成本更低。

崔强：接下来咱们谈谈技术干货，能不能聚焦于 PaaS 的技术部分，给大家展开讲讲。

李令辉：PaaS 是 Platform as a Service（平台即服务），通俗的说是

Platform 的云化。所以我想先谈谈 Platform，再来谈谈 PaaS，这是一脉相承，但并不相同的两个概念。

可以看到，很多大名鼎鼎的软件都支持充分的自定义，微软 Office 系列支持 VBA（一种编程语言），PeopleSoft（仁科软件）支持 PeopleCode（一种面向对象的语言），Unix 上每个著名软件的配置文件语法都可以写本书来讲。

你可以把它们的这个能力抽象成 code execution platform/computing platform（代码运行平台/计算平台）。来到了云计算时代，计算能力在云端，而不是本地就有了 PaaS，将平台的能力以服务的形式提供在云端。

其实从工业化时代开始，各行业都开始通过做一个靠谱的平台来降低创新和迭代的成本，将不变的东西自动化，将不断变化的东西抽象成编程语言来提供灵活性，以此降低创新的成本和风险，这就是规模生产的工业化平台的概念。

20 世纪 90 年代，国外企业级软件里就能看到强大的 API（应用程序编辑接口）和可编程性，每个强大的软件都带着一个强大的平台，例如当时的 PeopleSoft、Siebel① CRM（客户关系管理）都发明了自己的编程语言，在二三十年前就很强大了。Salesforce 和 Workday② 的 PaaS 不是凭空产生的，是一路沿袭过来的。

而中国直到现在，并没有足够好的 PaaS 供应方出现。为什么呢？因为做平台难度很大，PaaS 就更难了。

再说说 as a service，它就相当于从买车到租车或者滴滴打车的变化。如果自己买车，首先要付一大笔钱，还要自己负责年检、保养、保险、考票、交罚单、加油、洗车等事情，但 as a service，租车或滴滴打

① 美国一家电子商务软件的供应商，成立于 1993 年。

② 一家美国公司，其系统以多租户的 SaaS 服务形式向客户交付，成立于 2005 年。

车，就不用那么复杂，并同样能达到从 A 点到 B 点的目的。

当然，作为服务提供方，租车公司或者滴滴打车做了很多工作把业务复杂度给消化了，直接呈现给客户一个简单易用的服务。

所以，不管 IaaS、PaaS、SaaS 相比传统的基础设施，平台、软件都是消化了特别多的复杂工作，提供一个简单易用的服务给客户。这种商业模式，无疑是正确的方向。

具体到 PaaS，这件事对企业信息化至关重要。

它能从根本上降低试错成本，任何行业创新都源自大量的试错，如果成本很高，就会减少可能成功的机会，而 PaaS 是提高试错效率的有效手段。如果没有 PaaS，企业信息化这个行业的井喷发展期就很难到来。

用通俗的比喻来说，在没有 PaaS 的世界里，客户想吃个西红柿炒蛋，就要自己去造燃气灶和抽油烟机。

大部分企业客户需要的仅仅是实现业务需求（就像想吃西红柿炒蛋），而不是如何管理资源、如何处理身份认证、如何管理倒排索引等（就像造燃气灶和抽油烟机）。

由于通用编程语言过于基础，程序员需要把大量的精力花在对计算机资源的控制，去解决大量重复出现的问题，把至少 80% 的精力花在了原本要解决的核心问题之外，而一个合适 PaaS 的价值就在于，将解决方案提供者的视野限定在了业务需求范围内，把此领域中反复出现的问题事先解决好，不去浪费当事人的精力。

崔强： SaaS 公司想做大客户，PaaS 是必须要有的吗?

李令辉： SAP、Oracle、Microsoft Dynamic 365、Salesforce、Workday、ServiceNow（美国一家企业云服务管理公司）都具有 PaaS 能力。

中国市场里，满足大客户高度复杂定制化需求的最常见方法是外包，这种商业模式价高、质低且不可持续，其次是找标准软件商提供定制服务。

因为这种服务是非标准的，所以无法保证质量，成本也极高。而第三条路，就是提供 PaaS，依靠后续的实施和开发来满足需求和应对变化。

这里可以谈一下 To C 和 To B 的本质差别。

To C 产品解决的是一个确定的问题域，是一个比较具象、比较聚焦的需求场景。

但是这一套逻辑在 To B 领域里完全不适用，在企业信息化中，最终使用者由企业中各层级的不同角色、职能的人员构成，在不同的业务场景下有不同的管理需求，即使是一个行业也分为大中小型规模，即使是同一个公司，也分为早中晚不同时期的管理模式。

可以说，永远不可能凭借想象来穷尽所有遇到的需求，需求是无穷无尽的。

一套好的系统，必须能够跟随企业的发展和变化，充分灵活和可塑，所以才有了 PaaS 的概念，我们需要把提供的服务拆解到更底层的维度，才能经得住时间的考验。

大家都知道 IaaS、PaaS、SaaS 这三层的关系，理论上一个强大的 PaaS 层是能支撑各种 SaaS 需求的。在我看来，一个强大通用的 PaaS，从技术上可以拆分成三个维度：高性能 PaaS、复杂度 PaaS、开发者 PaaS。

论技术难度，做好一个高性能 PaaS，相当于一个大型互联网公司的基础架构部或中间件团队的工作内容，需要丰富的经验和大量的研发投入。

做好一个复杂度 PaaS，相当于创造一套数据库、一套编程语言和若干个强大好用的中间件。上一个时代里，IBM、Microsoft、Oracle 三家公司都做过类似的、艰难繁复的工作。

而一个开发者 PaaS，要解决的是开发者工具支持的完整度，开发、调试、部署、安全、文档、数据隔离的问题。这需要提供一个基于云的开发、调试、部署工具，大致相当于一套应用引擎的工作，可以类比 GAE（谷歌应用引擎）、Heroku（一个支持多种编程语言的云平台），或者 BAE（百度云应用引擎）。

我们做 PaaS 的公司，要同时去挑战这三件事的难度，更可怕的是还要同时挑战这三件事的完整度，这意味着巨大的工作量。要知道 Salesforce 做 PaaS 平台的有近 4000 位工程师，每年的人力成本就接近 10 亿美金。

崔强：能不能给我们具体讲讲这三种 PaaS 的技术挑战？

李令辉：我们内部评判 PaaS 总共有 50 多条标准，按照高性能、复杂度、开发者三个维度拆开分析下吧。

先说高性能 PaaS，这里的难度相当于：百亿美金互联网公司的基础架构部。

这是互联网 To C 公司的强项，FLAG（Facebook，Linkedln，Amazon，Google）、BAT 都是其中的佼佼者。

主要挑战在于如何最大限度地发掘机器的潜能、如何利用分布式集群的能力、如何保证系统的 SLA 承诺、如何水平扩展、如何控制单位成本、如何实现集群的自愈和监控、如何有效地控制平摊下来的人力维护成本，又如何不断优化架构，提升检索、读写 IO 的能力。

以美洽的做法举例：我们通过分布式系统和集群管理工具来管理容量，并至少保障 99.95% 的 SLA（Service Level Agreement 服务水平协议）可用性，运维和部署一并解决。

我们通过分布式系统，规避了昂贵的硬件，甚至也不使用单机数据库，而是使用分布式数据库 TiDB①，具有在不牺牲业务特性和一致性事

① 是一款定位于在线事务处理、在线分析处理的融合型数据库产品。

务的前提下，保障其水平的扩展能力。而且我们整个架构还尽量使用多租户设计，更进一步地节省计算资源和存储成本。

这里要明确一点，大部分互联网公司的水平扩展技术是以牺牲某些技术特性或需要使用者做很多“work around”的工作来解决水平扩展性问题，而美洽的 PaaS 是提供不打折扣的类似于单机基础设施能力的。

我们使用的所有基础设施都是分布式的，例如分布式关系型数据库 TiDB、分布式的缓存系统 Memcached、分布式队列系统 Kafka、分布式配置管理系统 Etcd，再通过将微服务化的无状态微服务容器化，通过 Kubernetes 和 Istio 的能力，将所有的服务能力分布式化。

美洽提供了结合传统单机系统一样的灵活性及互联网公司常见的分布式高可用性的基础技术平台。

我们的多租户技术依赖集群和数据库的能力。通过集群编排系统，智能地做容量管理，自动升级，部署管理，部署隔离。

我认为，高性能 PaaS 是一个基本能力，无论做哪个领域的 SaaS，大的、小的、垂直的，客户对你的要求在这方面都是一样的，系统稳定性、数据安全性、数据量的水平扩展能力、处理较大流量的并发能力等，这件事情是避免不了的，一个收入天花板太低的 SaaS 公司，根本无力覆盖这块技术投入的成本。

这一点被很多创业者和投资人忽视或者低估了。就好像银行再有资源也无法做一个像 iPhone 一样出色的硬件设备，一个再大的企业也无法为内部开发一个强大的操作系统一样。这是个成本问题，一定要覆盖更多的人和领域，高昂的成本才能平摊到可以接受的程度。

再说说复杂度 PaaS，其难度相当于设计一套数据抽象系统，以及领域专用编程语言。这块是企业软件公司的强项，之前世界上最强的是 Salesforce 和 SAP。

主要挑战是如何最大限度地提高解决复杂问题的能力，如何高效地应对业务变化，而且必须是不能分割的解决方案，要能解决所有问题。一般业务人员讲给不懂技术的客户，总说类似乐高积木的系统，任意需求都可以拼搭出来，说的其实就是复杂度部分。

我讲讲复杂度 PaaS 这块我们是怎么做的。

美洽 PaaS 中一切都是以服务形式提供的，这样的好处是将某件事情的复杂度控制在服务内部，服务之间隔离数据和逻辑，只以 API 形式协作，这样的好处是把问题域限制在一个较小的范围内，对人类脆弱的大脑比较友好，可以更好地完成每一个具体服务。

大部分服务本身都是元数据驱动的多租户服务，它们都可以通过定义元数据的方式改变行为，特别是 PaaS 的核心，也就是存储服务，可以通过元数据定义出数据和数据之间的关系，数据及数据间的映射还有级联关系。

企业级服务的核心就是数据的增删改查，以及级联操作。通过一个高度定制，可以元数据定义的分布式数据服务，来满足复杂的数据业务场景。我们把 OLTP①、OLAP、搜索引擎合三为一，用户可以一键式开启这些能力，无需开发。

企业级开发的权限需求也非常复杂，像我们的权限系统兼容 RBAC 和 ABAC，权限控制可以精确到数据库的表级、列级、行级，甚至字段级。

对于复杂的业务场景，直接封装成可高度定制化的服务来单独提供，例如审批、工作流、报表等服务，全部可以通过元信息定义出期望的行为。

---

① 联机事务处理过程。

为了提高交付速度，连 Web、iOS、Android 三端也可以通过元信息生成界面，而无需开发。

为了满足个性化展示需求，三端也可以全部抛弃，客户完全可以基于 API 或者基础 UI 组件来独立开发。

对于一些特别的需求，客户可以基于 PaaS 提供的 API，基于自己擅长的编程语言，开发适合自己需要的程序，以 Plugin（插件式）的方式部署，这样既提供了足够的灵活性（任意语言、任意行为），又保证了数据安全和资源隔离。

从本质上来说，Salesforce 的 force. com 和 Heroku，它们分别代表了不同的思路和世界观，虽然后续 Salesforce 收购了 Heroku，将其变成了给自己扩展功能的底层设施，但毕竟是两个独立的平台。我们的思路是一开始就将这两者合二为一，更加一致和强大。

最后说说开发者 PaaS，难度相当于开发 App Engine 的大致难度（例如 GAE），这是技术型平台公司的强项，最强的是微软、谷歌。

这部分的挑战是：要建立清晰明确的世界观，要服务好里面的所有玩家，要有完整的工具链条和文档建设，要从架构上支持开发者，要做好社区建设。要保证对开发者来说友好、易用、强大，而且不断进步，尽量降低门槛，让大家容易上手，还可以不断精进，快速解决问题，提高收入。

以美洽 PaaS 为例，我们会推出完整的编程工具，辅助完成元数据的编写和查看，提供调试工具、部署工具，以及沙盒环境，帮助开发者快速开发、提高效率，并且提供在线监控平台协助开发者了解自己程序的运行状况，整个系统状态尽量和客户保持透明。

我们会提供一个让开发者更高效的在线开发环境，也会尽量保持和普通虚拟机类似的开发体验来让开发者低成本地迁移自己的经验和知识。

高性能 PaaS、复杂度 PaaS 和开发者 PaaS，这三个 PaaS 不能割裂来看，用小米雷军的话说：“铁人三项，少一项都会有问题。”

目前，要同时做好这三方面事情的难度和挑战还是很大的，需要很强的想象力和架构能力。

其中很多地方是反互联网技术常识的，互联网 To C 公司，因为业务发展和变化太快，大部分时候不会也无法做特别长久的设计，而 To B 业务，因为别人要依赖这个 PaaS 而存在，所以一开始就要是个完整正确的设计。

架构也好、设计也好，不是为了解决计算机的问题，而是为了解决使用者的问题，人类的脑容量不适合处理特别复杂、变量特别多的东西。所以，一个事先考虑得很清楚、强大周全、简单清晰的世界观就非常重要。

崔强：高性能 PaaS、复杂度 PaaS 和开发者 PaaS，这三方面按照难度如何排序呢？

李令辉：这三方面最难的是高性能 PaaS，其次是开发者 PaaS，最后是复杂度 PaaS。其实最难的是如何将三者整合，同时呈现。

为什么这么说呢？说到复杂度，过去几十年的企业级玩家，用小型机或者单机实现的功能都是非常复杂的。

仅限于单机的技术，就不是特别有挑战的事情。将这些复杂度用某种易于理解和使用的方式呈现给开发者，就需要掌舵人很好地建立世界观，维护好这个思想世界里的一致和协调。

到了互联网时代的数据爆发期，单机解决不了问题了，就要考虑如何在分布式环境下同时解决存储和逻辑的问题，这也是过去 20 年里互联网巨头们一直在努力的领域。

这里面用到的技术和理论还是很新很难的，互联网公司往往为了使用这些能力，放弃了很多业务上的便捷，但在企业里这些又无法放弃，所以三者结合的难度又大大高于其中任何一种。

崔强：要做出比 SOS 更先进的 PaaS 产品，你觉得应该要有什么样的用人策略？

李令辉：就像攀登珠峰有南坡、北坡两条路，国内 PaaS 公司也有不同的路径。

有的技术带头人软件行业背景强、擅长复杂度 PaaS，有的技术带头人互联网行业背景强，擅长高性能 PaaS，这就看哪个打入对方领域更容易了。

我认为，应该选择的是全互联网背景的人才，从高性能 PaaS 打到复杂度 PaaS 更容易。

软件行业和互联网行业两种人才的能力特点和认知都相差甚远，做产品、架构、写代码的方式也差异极大。

大部分软件行业的人才，虽然应对复杂需求的能力行，但这只是必要能力，不足以破局，如何应用最新的互联网技术和思想去突破性地解决问题才是关键。

互联网技术在过去 20 年里获得了突飞猛进的发展，诞生了很多革命性的技术手段，这些技术合理地应用到 To B 领域，是可以带来突破性的功能、成本、体验优势的，这也是我们看到的巨大机会。

其实从这个角度来看，SOS 的团队也是相对陈旧落后的，他们也在革新和换血。

崔强：对于做 PaaS 的厂商来说，你认为应该有什么样的商业化策略？

李令辉：从商业策略上来说，我认为最重要的是发展生态伙伴。SOS 这种体量的公司，它们没有一家是单纯靠直销做大的。Salesforce 负责中国业务的员工应该不超过 10 个人，每年就能做到两个亿的收入，销售效率极高。

而国内厂商，现状都是靠大量的直销团队来拉动销售收入，不管人均单产高低，毕竟短期可以让投资人看到增长的可能性。

现在国内厂商在生态伙伴这方面基本没有真正开始，有也只是一些帮着走货的小批发商，很少有类似埃森哲、汉得信息这种体量的、能帮助客户做定制化解决方案的合作伙伴。

事实上，如果你去搜索 2016 年中国方案商 500 强，会发现中国最多的企业 IT 预算是在方案商这里的。

为什么国内现在的云厂商都没打入这些方案商市场？就是因为没有强大的 PaaS 及公司品牌，方案商的实施人员根本无法施展。

做 PaaS、做生态，作为一个范式转换的新兴事物，被市场全面接受并普及是需要一个过程的，我们应该要有充分的耐心。

AWS（亚马逊云计算服务）是 2006 年推向市场的，Netflix（美国视频服务提供商）是 2008 年才开始和 AWS 合作，7 年后的 2015 年才全部迁移到 AWS 上面。iPhone 诞生于 2007 年，但到了 2013 年，智能手机的出货量才超过功能机的出货量。

很多合作伙伴觉得不能依赖其他第三方平台，这种想法是可以理解的，其实这是一个行业成熟度的问题，想象一下全世界范围内为汽车生产变速箱、发动机的厂商寥寥无几，生产 CPU 的厂商一只手就数得过来，大家选择公有云，其实也就几个大厂出品。

因为不同事情需要不同的人，不同的经营策略，不同的管理方式，一个企业什么都做的方式在现代工业文明里越来越少见。任何一个事情要做好都需要巨大的投入，如果没有一个足够大的规模去平摊掉成本，这个巨大投入就没有人负担得起。

崔强：关于 PaaS，我们收集到很多周边问题。例如有人认为 PaaS 是需求累积到一定程度倒逼出来的，不可能凭空做出来一个 PaaS。还有人认为 PaaS 投入巨大，只有 Salesforce、Oracle、SAP 这样的巨头才能玩得起，市场上又有很多小公司声称自己开发出来了 PaaS。这些到底如何鉴别？是真是假？是否强大？

李令辉：这些问题确实很高频，我也经常被问到。

“PaaS 是需求累积到一定程度倒逼出来的。”这个说法是经不起推敲的，需求是无限的，而人的生命是有限的，以有限追无限，是不可能成功的。

PaaS 的设计来自对某一领域可能有的需求的总结和抽象，不需要穷举。

在我看来，PaaS 更类似于编程语言和操作系统，在发明编程语言的时候，计算机科学家根本无法想象出今天的无数种应用场景。

如何判断一个编程语言的强大性？科学的方法是判断它是否图灵完备，这更像是一种数学证明方法，而不是穷尽所有的编程需求。

至于说“PaaS 只是巨头的游戏，小公司没法参与”，这个观点也站不住脚。

在我看来，这是典型的因果倒置，是做了 PaaS 的公司才成了大公司。Salesforce 从创业开始就在做 PaaS，用他们的话说是要做商业的操作系统，那时候的 Salesforce 可是完完全全的小公司。

崔强：有一种说法是“PaaS 会有一个侧重，例如侧重 CRM 的、侧重 HR 的，很难有一个 PaaS 能各方面都很强大”。造成这种区别的内在原因是什么呢？

李令辉：在我看来，这种说法有一定的道理但是又有点似是而非，这里说的是复杂度 PaaS 的那一部分。

我之前做了一个类比，这个领域类似于数据抽象系统加一门编程语言，数据库会对某方面的业务有所侧重吗？编程语言会明显倾向于解决某种业务吗？

要知道从数据库的角度来看都是 CRUD，从编程语言的角度来看都是读写 IO，参数处理，一点点计算而已。从这个角度来看，业务并没有太大差别。

但是这种提法并不是一点道理也没有，因为 PaaS 都是在易用性和强大性之间做权衡，为了更快地交付，PaaS 一定会对具体要做的业务做很多接近的功能支撑。如果一个公司在商业策略上倾斜某个领域，当然会在这个领域的功能支持上增大投入，所以肯定会在交付能力上有所区别。

但是这件事并不是必然的，而是和投入水平相关。通用的编程平台很多，根本不会有人质疑它们的通用性。

崔强：有人问，PaaS 那么重要，为什么 Salesforce 的 PaaS 收入还不到总收入的 10%？

李令辉：PaaS 直接售卖的不多，更多是打包成 SaaS 后去售卖的，但是透过现象看本质，你会发现如果没有 PaaS 来平摊成本，效率是很低的。

另外，对 Salesforce 而言，最重要的护城河是它的生态，单靠 Salesforce 一家公司直营，是不可能满足如此数量众多的客户需求的。而吸引如此众多的合作伙伴的前提，无疑是 PaaS。

就好像 QQ 其实长期都不是腾讯的盈利主力，网游才是，现在是微信，但 QQ 是保证腾讯能够源源不断获得网游用户的竞争力所在。你不能说这个不直接赚大钱，就不是公司的核心。

崔强：有一种观点说，凡是到一定规模的客户，难免会自己开发 CRM。你们怎么解决客户的这个问题?

李令辉：过去确实有不少中国企业倾向于什么事都自己干，这在以前技术人力成本较低的情况下还好。

企业客户第一次做 CRM 开发时大多会低估其难度，找个外包团队或在自己技术团队里找几个人就做了，做出一个能用的，就先凑合着用。

现在还带着这个惯性来做的，肯定得不偿失。专业的人做专业的事情，一个公司不可能有精力把内部系统做得和外部系统一样好，现代社会肯定是用分工提高效率。

还用租车的例子，过去大多数公司都自己买车，但是现在大家都改成租车了，因为自己养车成本高、效率低，就算每个公司都有车的时代，也没有哪个公司非要自己造车、造发动机，你可以理解中国企业非要自己做内部信息系统的行为基本等同于为了用车，非要自己造车。

随着时代发展，大家越来越在乎成本和效率，没有人会自己养车，都会选择租车，在企业服务市场，大家都会选择租用 SaaS，而不是自己买机器，自己雇程序员、项目经理、产品经理，开发一个“用的人比做的人多不了多少”的系统。

算笔简单的账，一个相对来说比较复杂的 CRM 系统 20 个人来做一点也不多，4 ~ 6 个人做移动端、2 ~ 3 个人做前端、6 ~ 10 个人做后端、1 个项目经理、2 ~ 3 个人做测试、1 ~ 2 个产品经理、1 ~ 2 个人做 UE，这些人一年的所有成本需要 500 万 ~ 1000 万元，如果一个团队经过多次迭代，3 年才把 CRM 做到及格，就需要 1500 万 ~ 3000 万元。

每家公司都要在自己的领域征服星辰大海，但肯定不是每家公司都征服同一片海。

任何行业的发展都会逐步走向更精密的分工及合作，企业信息化领域也不例外。

美国的亚马逊、苹果、特斯拉、思科采购了 Salesforce，国内的金山软件、TalkingData 采购了 Salesforce。这些公司都有很强的软件研发能力，但在非核心的业务系统上还是会采购专业的第三方服务。

国内现在是供应方产品技术能力比较弱，假以时日，这种现状肯定会改变的。

李令辉，美洽 CTO & 总裁，领导乘法云产品和技术团队。资深互联网从业者，架构师和技术管理者。相信技术终将改变世界。多年从事大流量与高并发的互联网架构设计和优化，以及大规模技术团队的组建和管理工作。曾任滴滴首席架构师、技术委员会主席、基础架构部技术总监，从无到有打造了滴滴基础架构团队，负责维护滴滴的核心服务和 PaaS 中间件系统，作为首席架构师主导了滴滴从日 10 万单到千万单的技术架构演进和迭代工作。

二、

SaaS 在中国大中型企业落地的困境与机遇

童继龙　明源云副总裁

中国的 SaaS 公司从 2013 年开始火热起来，这一年也被称之为“中国 SaaS 元年”，有了 Salesforce、Workday 等美国 SaaS 公司的成功实践经验之后，国内许多 SaaS 的创业公司也期望着自己能够成为企业领域市场中的“独角兽”，这个过程中更是有众多资本的力量深度参与到这个行业进步的过程中，逐步让企业客户得到认可。

但我们不得不面对一个尴尬的现实问题，就是 5 年过去之后，中国的许多 SaaS 厂商仍然处于亏损状态，许多 SaaS 厂商的产品单一，仍然是某些单点场景的应用，还没有办法构成某个业务领域（如 CRM）上的“整体解决方案”，对于大中型企业客户的吸引力有限，而小微企业客户则因为续费能力有限，使得 SaaS 企业的业务规模增长受限，现有一些 SaaS 企业（规模在 1 亿元以下）的年增长速度很难保持在 100% 以上了。而单个客户的获客成本过高、客户全生命周期的获利能力为负的情况下，整体看起来似乎很悲观，这也导致了 2018 年被称之为 SaaS 领域投资的“寒冬”。

SaaS 业务在中国到底应该如何破局？目前从国内的 SaaS 厂商来说，根据 SaaS 公司创始人、创业团队的背景、认知不同，大家也会选择不同的发展路径，主要包括几个方向，如图 4－1 所示。

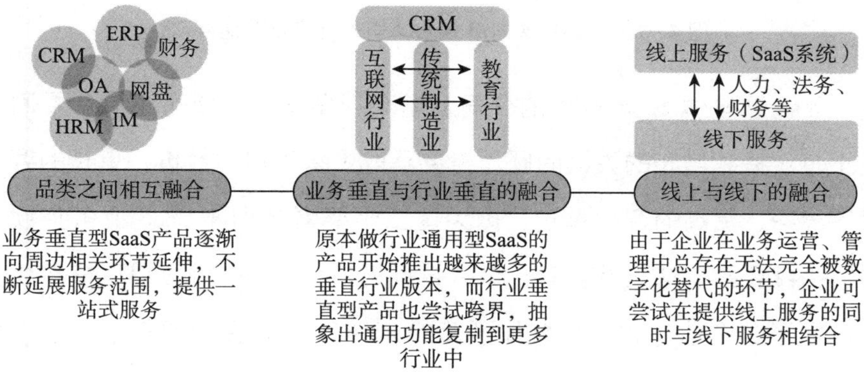

图 4－1　SaaS 产品未来的融合与跨界方式（来自艾瑞咨询）

（1）在行业垂直领域上根据自己的客户资源积累、产品或解决方案能力向 SaaS 延伸。例如笔者所在公司就是深耕地产行业，从 ERP 领域进一步扩展地产行业的 SaaS，包括用友、金蝶这样的 ERP 领域领军企业进入 SaaS 领域。

（2）在业务垂直领域上构建 SaaS 应用，例如 CRM 领域的销售易、六度人和，HR 领域的北森、大易，协同领域的泛微、明道等。

（3）从线上与线下业务融合的 SaaS，这一类 SaaS 更偏向于是“服务”而不是“软件”，如法务领域的无讼（提供 10 万元加律师的线上线下诉讼服务）、财务领域的云记账等企业。

（4）C 端的巨头企业向 B 端市场切入，这一类的 SaaS 典型代表就是钉钉、企业微信，基于 C 端用户的巨大流量优势，向 B 端的企业级 SaaS 切入。如图 4－2 所示。

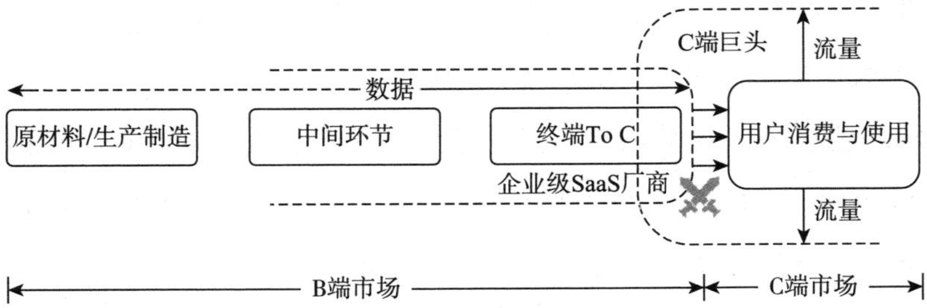

图 4－2　C 端巨头向 B 端市场切入（来自艾瑞咨询）

无论这些做 SaaS 业务的公司从哪个视角切入，所有企业都要回答关于企业持续增长的关键问题：需要获取更多的用户数量、更长的客户续签周期、更高的客户单价，因为这三个要素是构建 SaaS 业务持续发展的关键要素。这里就会有一个关键问题：大中型企业的 IT/信息化预算占据了整个信息化市场整体预算的 80%，SaaS 企业要在激烈的市场竞争中脱颖而出，似乎大中型企业市场是一个绕不过去的坎。当然，一旦突破了大中型企业客户的 SaaS 持续合作，那么自然就能够得到更多的用户数量（规模优势）、更长的客户持续周期（企业的生命力强）、更高的客户单价（这一点未必，客大可能会欺店）。

要将 SaaS 业务在中国的大中型企业客户落地，我们就必须从客户的痛点和机会出发，从商业模式构建、产品能力、生态共赢的商务合作模式、技术架构设计、解决方案式的市场营销、客户成功与持续运营等多个维度去思考。

1. 产业环境分析

大中型企业的 SaaS 大有可为，但需要产业环境与企业营商环境的支持，也需要 SaaS 软件厂商的专业能力做匹配。

（1）SaaS 落地需要 IaaS 在大中型企业的普及：大中型企业在很多人的印象中是“不差钱”，所以当 SaaS 厂商在谈 SaaS 产品更便宜的时候，大型企业的 CIO/CTO 说我们需要的是“更安全”，而过往被认为上公有云是最不安全的行为，有着极高的数据泄密的可能性，这个时候没有云计算哪里来的 SaaS 呢？好在这几年中国政府在大力推进“数字中国”，同样也有很多的数字城市、数字行业项目在落地，大中型国有企业还成了许多云计算应用的先锋企业，无论这些大中型企业使用的是公有云、私有云还是混合云，但至少已经有了基于云计算的技术架构，也至少能够接受“数据私有、应用云端”的部署模式了，原本不可能的铁幕被拉开了一个很大的空间，就这一点来说，国内的阿里云、国际厂商 AWS 与 MS AZURE 这个 3A 公司功不可没。

（2）从企业营商环境来看 SaaS 业务，企业的经营成本不是大中型企业看重的关键要素，也不会特别注重专业化分工和效能的对比，因此 IT 系统自主开发建设也成了一个理所当然的选择。但这几年无论是 IT 行业还是业务领域中的人工成本不断上涨，企业靠规模扩展越来越难，这个时候任何一个领域的人均效能都要与行业标杆企业对比，SaaS 公司的客户规模化应用成本低、产品迭代快、业务可适配性高的优势就体现出来了。

（3）从 SaaS 软件厂商的“专业能力”来说，经过资本的扶持，前 5 年在中小企业客户的打磨之后，产品、技术的成熟度已经具备了为大中型企业客户提供服务的能力了，这也正好符合《创新者的窘境》一书所说的场景，任何行业的创新都是从业务领域的边缘地带开始的，都是从低成本领域切入的，但只要商业模式正确，就一定会在行业的持续高速发展中实现超越。

2. 商业模式

进一步定义 SaaS（软件即服务）背后我们要突出的是软件还是服

务？“生意向前，管理靠后”！

（1）对于 SaaS 公司来说，面临的根本挑战是：从技术到产品、从营销到交付的十项全能，不能有太大的短板，这一点我们称之为“重”。

因为只有这样，才能够匹配大中型企业客户的需求。与此同时，需要做到“快”，产品迭代更新快、市场营销推广快、交付服务快，因为不够快就一定会被客户抛弃。所以，在做商业模式设计的时候，最重要的事情就是定义客户场景、定义产品边界。以明源云客（营销 SaaS）来举例，我们思考的就是将“开发商的售楼处做深做透”，一个售楼处我们可能就定义了 20 多个关键场景（可能会是不同的 APP），做深做透才有可能获取大中型企业客户，同时也不会让自己的产品边界无限大，没有办法实现“单品极致”的目标。

（2）SaaS 业务要能获得大中型企业客户的青睐还有一个重要的领域选择问题，要定位在帮助做好生意的场景，而不要轻易去碰做好管理的场景。一家企业要做好生意，往往都是需要与自己的供应商、客户打交道的，而这一类的场景中就会有跨企业边界的协同问题需要解决，就有关于获取客户、客户服务的各类交易成本，而 SaaS 的价值就在于帮助其更好地获取客户，或是更快地成交、更好的客户体验等，这些场景的收益非常刚性，是客户更容易接受的。而涉及外部协同的场景就会有“跨企业边界的协同”，这就是“移动互联网”的领地，场景应用变化多端，基于互联网应用的安全和隐私保护要求极高，这个时候使用 SaaS 应用会让客户更容易接受。而在企业管理端（财务、成本、采购、库存等），因为业务形态有更多的个性化，不需要太多的外部资源协同，这也原本是 ERP 业务领域的领地，在这些环节想要 SaaS 化无疑困难得多，因此，这不应该是主战场。

3. 生态共赢的思维构建产品

中国 SaaS 企业与大中型企业的专业 IT 团队如何“合作、共赢”？

这是一个很有意思的话题，CIO 带领着一个规模庞大的专业 IT 团队，有自己的产品经理、架构师，也有开发、顾问，其实和一个软件公司规模差不多，甚至比一般的软件公司规模还要大，凭什么能够让人家与你合作呢？如果要合作，就需要能够基于“合作、共赢”的思维来构建双方的合作关系。而这就需要考虑几种典型的产品定位：

（1）SaaS 的应用背后衔接了许多行业内的服务资源，且只有这类 SaaS 公司才具备这样的资源整合动力及相应的商业模式。以无讼整合的 10 万律师资源来提供法务服务为例，因为无讼创始人在法律界的行业威望，他对于律师行业作业流程标准的深刻理解，才有可能把这些资源聚合起来，直接给自己的客户进行“SaaS 接入服务”，这属于典型的“企业业务服务”的形态，往往也是最有效打动大中型企业客户的业务形态。

（2）基于场景化的 SaaS 轻应用，直接为业务赋能的 SaaS。这一类业务往往是大中型企业客户最容易想明白，且有动力自己去做的应用。所以，要在大中型企业客户做这类业务，要么就是这个 SaaS 产品的迭代进化极快，产品的成熟度已经非常高，可以让客户基于场景快速应用，用于快速解决业务问题；要么就是将自己的 SaaS 产品在核心业务领域做深做透之后，还叠加了平台的 PaaS 能力、SDK 开放等能力，能够方便地将自己的应用进行第三方集成，或是被第三方集成，这样一来 SaaS 的应用推广才能快速起步。

（3）基于独特技术能力的 SaaS 应用，帮助客户解决某个领域的 SaaS 甚至是 PaaS 服务。以 IM 领域来说，所有人都觉得做 IM 很简单，看着功能页面不多，但涉及大规模协作时的及时消息送达、跨越网络运营商的信息、图片、文件传输、视频对话服务等，这背后的技术复杂程度极高，所以是很容易打动大中型企业客户使用这一类 SaaS 服务的。

4. 技术架构能力

基于移动互联网企业（如电商）的最佳实践，能够匹配大中型企业客户规范的技术架构能力。对于大中型企业客户来说，其有着非常强大的技术团队，因此也是需要在技术架构与可扩展性层面有着极高的要求。对于 SaaS 来说，无论是软件还是服务，其根本要求还是能够实现“高可用、高可扩展性、兼顾成本/效率”，这是技术架构设计的专业要求。这一点甚至也是成为大中型企业客户合格供应商的必备要求，如果这个“技术性要求”不能被有效满足，结果就是被扫地出门。

当然，技术架构的价值不只是为了解决可扩展性的问题，还有基于业务领域知识进行抽象、提炼与建模的要求，如 Salesforce 就将“销售漏斗”这个业务对象进行了抽象，构建了一个业务对象，供不同的生态合作伙伴进行调用，这样才能够让技术架构的演变更从容地应对复杂的客户场景。

5. 市场营销

面向大中型企业客户，需要构建“解决方案”式市场与销售能力。许多大中型企业客户的获客成本相对较高，如果这个产品或解决方案本身的“预期成交单价”过低，可能会无法实现该业务的持续拓展，因此产品的客单价与更低的获客成本变成了在市场营销环节要考虑的生死大事，产品的客单价在产品与商业模式设计环节基本上就已经确定了。而“获客成本”在营销环节需要特别下功夫，目前我们的实践比较有效的策略还是通过“专业顾问 + 内容编写 + 多渠道运营传播”的模式。“明源地产研究院”的微信公众号就有超过 60 万粉丝，大部分关注者就是房地产行业的中高层，这就相当于自己构建了一个强大的自媒体营销平台，产品或解决方案的触达能力就很强了。还有人会问：“做 SaaS

要不要给客户做解决方案?”如果是大中型企业客户，这一定是需要的，在面对复杂组织进行产品或解决方案销售的时候，至少要包括关键业务场景痛点与解决方案的陈述、技术架构与关键技术指标陈述（如性能、稳定、可扩展性、安全、API 等)、商务合作策略与价格等内容。

6. 客户成功与持续运营

大中型企业的项目交付与客户持续运营有多重要就不多说了，没有客户成功就没有大中型企业客户的“口碑”，自然也就没有可以续签的客户，在高获客成本的模式下这一点做不好，做的客户越多亏损就越多，最终只能走向公司倒闭的结局。因此，我提出了服务即销售的 Services as a Sales 理念，客户成功才有 SaaS 企业的成功，这一点必须说到做到!

第五章

美国成功的 SaaS 如 Salesforce、Box 给我们的借鉴和启示

一、

为何 Salesforce 的 CRM 模型到中国就不灵了

张星亮　六度人和（EC）创始人、CEO

（一） CRM 雏形初现

1999 年，Gartner① 提出了 CRM 概念，也正是在这一年，Salesforce 成立。但这并不是 CRM 最早的历史，早在 1993 年，Siebel 就横空出世，创造了全球第一代的 CRM 工具，从业者称其为 CRM 的“鼻祖”。如图 5－1 所示。

在 Siebel 还叱咤风云的年代，CRM 的核心是让销售团队可以

① 美国一家从事 IT 研究与咨询的公司。

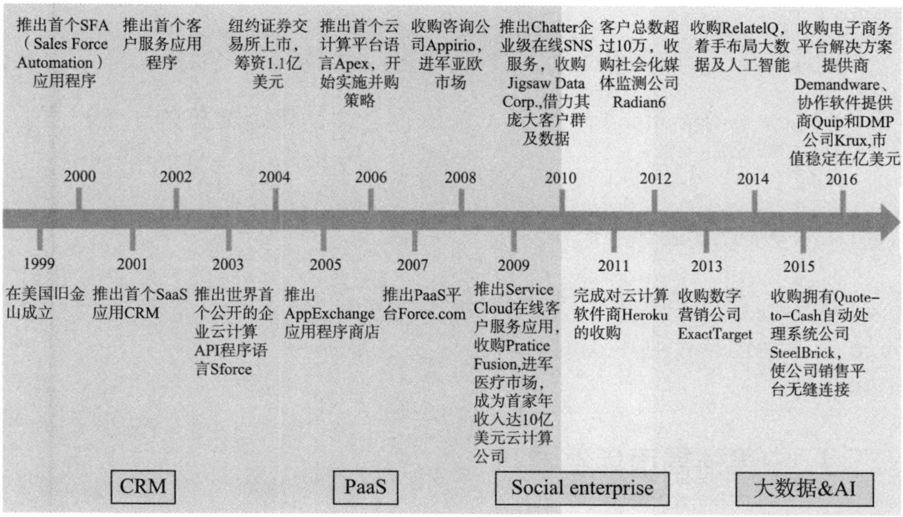

图 5-1　Salesforce 的发展路径

更好地协同工作。具体来看，如果一家公司要去打单，首先涉及的角色是商务人员。商务人员首先思考哪里有商机，然后针对商机写方案，方案写好后就进入第三步的招投标。当然，这里还需要考虑客户是否有预算、有多少预算。这些信息都在一个项目组里共享，最后预测出这个标能挣多少钱。

众多这样的标书就组成了销售团队一年的 KPI①，如此一来，销售人员就可以大致预测今年的 KPI 能完成多少。如果按这样的情况难以达到 KPI 标准，就思考是商机不够，还是招投标过程中丢掉的订单太多，又或者是招标之后的实施工作做得不够好，导致回款不够快。

让顾问式销售团队、项目式销售团队能做项目协同、信息共享，并且让项目经理尽可能准确预测公司今年的销售完成率，这是 Siebel 推出的 CRM 的本质。

而在这之后，Salesforce 将这套理念搬到了 Web 上，引领了 SaaS

---

① 关键绩效指标。

行业。

Salesforce 之所以能成功，在于它当时抓住了一个核心点——SFA（Sales Force Automation），而 SFA 是最容易让销售标准化的一个过程。

试想一下，如果你的销售过程足够标准化，你的工作结果自然就可以相对准确的预测。

当然，其成功与美国本土市场的特性有极大关系，因此当 Salesforce 的这套理念传到中国时，就出现了“滑铁卢”。

（二）中美销售市场差异

我们发现，Salesforce 的这套思想放到中国当真是有问题的，最直接的体现就是：最早沿用这种理念的两家中国企业，销售额到了 2000 万美元的时候，就很难再进一步了。除此之外，国内企业互联网巨头用友曾参考 Siebel 做了一款产品，尽管用友有着国内顶级的渠道团队，但最终在国内搞定的客户也不过 1000 家，销售额不过 3000 万元，最终夭折。

但这并不是说用友，又或是其他先驱实力不够，相反，它们都是业内最出色的厂商，否则不可能走在行业前沿。那么，它们为什么都失败了呢?

我们来深度解剖源于 Siebel，并在 Salesforce 手中进一步发扬的这套模型。国内厂商尽数失败主要有以下两大原因。

1. 这套模型很适合知识型的销售

通俗地说，适合那些实力强的销售人员，如用友、金蝶、IBM 这些公司的销售人员。

要知道，国内这样有实力的销售人员非常少。美国属于典型的知识输出国，大部分的企业都是知识型企业。而知识型企业的销售，又是典型的项目型销售。我们所熟悉的 IT 企业的销售、品牌和设计公司的销售、营销广告类的销售，皆属于此。

问题在于，这类销售在美国是最主流的群体，但在中国恰恰相反，国内这类销售太少。

整体来看，销售人员主要分三类：

（1）项目型销售。即知识型销售。

（2）关系型/商务型销售。例如卖房、卖车、做英语培训、卖理财产品的销售人员，他们就是典型的关系型销售，或者说商务型销售。这类销售有两大特征：

特征一：单兵作战，团队协作需求低。他们需要做的就是个人与客户长期保持良好的关系，就会有人愿意买单。

特征二：长期面向大量客户。IBM、SAP 这类企业的销售，每年只需要紧跟 10 多个大单即可。但对于卖房、卖车的这类关系型销售，他们需要面对上千个客户，并且众多客户里，他不知道谁最终成交的可能性更大。这类销售在中国是最多的，从数据上看，中国大致有 800 万名销售人员，其中 500 万名左右都是关系型销售。

（3）外勤销售。例如零售业的巡检员，他们需要在各个门店查看库存有没有补齐，如果有问题可及时调整。整体来看，外勤销售高度集中在农牧业和零售业。

2. 其核心价值在国内市场难以体现

这并不是说这类 CRM 没有价值。在美国，销售工作是相对公开透明的——有多少商机、中了多少标、实施情况如何，他们能根据这些信息相对准确地推算出今年能达到的销售额。在中国目前的环境下，项目型销售的结果很难预测。

我们所说的 Siebel 这类 CRM，一个很重要的价值就在于预测销售的工作成果，而这样的情况大大削弱了这个价值。

（三）为什么 Salesforce 的 PaaS 如此成功

2004 年，Salesforce 在纳斯达克成功上市。它在经历了第一个阶段——把 Siebel 的 CRM 模型搬到 Web 端之后，很快又进入了第二个阶段——打造自己的 PaaS 平台。

1. Salesforce 如何拿下超大客户

在具体分析其 PaaS 相关策略之前，我们先来看看，在这个阶段对于任何一家 To B 企业来说，都面临着一个至关重要的问题：怎样拿下更多超大型的企业客户呢？

Salesforce 的策略显得尤为高明。这个时候的 Salesforce，其产品已经是一款很好用的普适型工具了，卖给了非常多的中小企业，甚至已经有了 10 多万家付费企业。而这些付费企业里除了中小企业，还包含了很多大公司的分公司。例如惠普、沃尔玛等，它们的一些分公司都已经在用 Salesforce 的产品。

随着 Salesforce 的中小企业客户和大企业的分公司，甚至部门级用户越来越多，很自然地，更多的大公司总部就开始表示想要集团整体采购 Salesforce 的产品。

我们发现，Salesforce 一开始并没有直接面向大企业销售，而是从中小企业和大企业的分公司入手。当它搞定了很多大企业的一些部门后，就逐步上升到集团层面。

这个策略和 To C 的一些业务思考很相似。腾讯刚开始做 QQ 和微信的时候都是免费的，一段时间后开始逐步提供会员增值服务。这背后其实就有着一个对应的销售漏斗模型，筛选出部分高产值的付费用户。

2. 顺势力推 PaaS 平台

在这样的获客策略之下，Salesforce 紧接着又迎来了第二个问题：当客户从部门级、分公司级上升到集团层面的时候，大量定制化的工作几乎不可避免。怎样满足纷繁复杂的用户需求？

我们所熟悉的通用 CRM 场景是这样的：

CRM 工具帮助企业拓客，将客户信息呈现给用户，让销售和他的客户能有效连接起来，这其中可能运用到微信、QQ、电话等各个渠道。将各渠道的信息同步之后，就可以相对全面地了解客户属性，例如与自己关系的紧密度，是刚获取的意向客户还是自己拜访过的客户。

通过这些信息，就可以反向推动销售的进一步工作。例如之前通话超过 3 分钟的客户，就主动提示销售人员，发给这类客户相关的产品资料；发完产品资料，客户查看后，系统再次提醒销售人员，让他们在 3 天内进行电话回访。

诸如此类的 CRM 应用场景，其实都是不分行业的，地产、汽车、金融等各个领域都会出现。但这显然并不是全部——一旦产品深入企业内部流程就不一样了，这绝不是通用型 CRM 可以完成的。

例如一家旅游公司在客户成交前，用一款通用型 CRM 是没问题的，但成交后，涉及的是帮助客户做行程表；一家房地产商在成交后，要做的是帮购房者出房产证；汽车销售在成交后，要做的是帮客户买到他想要的车。

诸如此类的流程，需要的是定制化的 ERP 系统去完成。

事实上，Salesforce 当时面临的问题就是各行各业截然不同的流程与机制，只要涉及企业流程，往往就需要定制。尽管客户有 ERP 系统，但 ERP 与 CRM 之间在前端还需要衔接，于是 Salesforce 推出了自己的

PaaS 平台。

3. 为什么成功的是它

Salesforce 的 PaaS 平台有多成功几乎不需要过多语句去阐述，正是因 PaaS 的诞生，让 Salesforce 逐渐成长为一个不折不扣的企业级平台，众多 ISV① 在这个平台上获益颇丰。

将视角放到全球，似乎很难找到另一个 PaaS 平台取得了如此巨大的成功，如果聚焦到国内，那更是相去甚远。

那么，为什么成功的是它？

如果需要一个答案，应该说要想做好 PaaS 平台，需要有两个基本条件：

（1）前端有海量客户。

只有满足这一点，ISV 到你的 PaaS 平台上才能活得很好。我们能看到，腾讯做 PaaS 很成功，其海量客户资源池居功至伟。

与之对应的，国内市场上有不少 PaaS 玩家，没有海量客户的基础，所以其 PaaS 平台做得并不太好，平台上甚至没有一家“活”得不错的 ISV。

从某种程度上来说，PaaS 是用户导向的，而不仅仅是技术导向。

Salesforce 的成功正是基于此。推出 PaaS 平台之前，Salesforce 已经拥有了海量用户，其 ISV 哪怕只是开发一个订单系统，又或是报销系统，就能活得很好。这些 ISV 只需要专注自己的产品即可，根本无须关心前端的用户如何获取。

（2）平台上的用户有一定的在线时长，且有付费习惯。

如果平台上的用户几乎没有多少在线时长，活跃度极低，同时没有

① 独立软件开发商。

付费习惯，那么用户付费的压力其实就转交给了 ISV。

但问题是：如果你自己收不到钱，ISV 为什么就能收到？这也让人头疼。

（四）从 CRM 到 SCRM

实际上，在 Salesforce 打造自己的 PaaS 平台的同时，还开始尝试将产品“挪”到了社交平台上。这是在其将 Siebel 的 CRM 模型搬到 Web 端之后的又一个颠覆性决策。

当 Salesforce 开始进军社交领域，并取得了极大的成功后，大量与社交紧密相连的公司就涌现出来了，最典型的莫过于 Slack 和 Freshdesk。

1. Freshdesk

Freshdesk 是一款客服产品，它与过去的客服产品最大的不同是它与推特连接起来了。

外国人有个习惯，如果他买了一款产品觉得不好，就喜欢在推特和脸书这样的社交平台去吐槽。当企业托管了自己的推特账号，Freshdesk 就可以自动抓取投诉的客户信息，并将这些信息导入企业的客服工单系统中。

例如惠普是 Freshdesk 的用户，Freshdesk 会将推特上吐槽惠普的问题都抓取出来，导入客服工单系统中。之后，客服再将产品问题提交给企业的工程部去处理。当工单处理结束后，企业就在推特上@这个客户，告诉他问题已经解决，可以点个赞。

基于这样的产品思路，Freshdesk 的产品爆发力极强，两年多的时间里就拿下了 10 万家付费企业。

2. Slack

众所周知，Slack 是全球增长最快的 SaaS 公司，它为什么能快速爆发呢？

首先，国外的职场人群是公私分明的，哪怕他们日常所用的社交工具非常出色，也不会在上面处理工作。他们的日常工作沟通主要通过邮件来完成，甚至可以因为讨论一件事情来回发上百封邮件。

后来，他们也觉得这样的工作方式过于麻烦。这时候，Slack 横空出世，将 100 封邮件变成了两封，第一封发出的时候内附一个链接，点击链接即可进入讨论组，大家在讨论组里完成工作探讨，并将文件归档，最后再发一封归档邮件出来。这对于国外的用户而言，简直再合适不过了。

Slack 的核心并不是解决企业内部沟通的问题，企业内部沟通大多有了一些不错的工具可以完成。但外联商务沟通的难题，在 Slack 的产品中得到了近乎完美的解决。

多说一点，Slack 的讨论组其实类似于我们所使用的微信群，便于企业内外部的即时沟通协作。

所以，整体来看 Freshdesk 利用了社交网络抓取投诉信息，解决客服问题，而 Slack 又利用社交网络的沟通能力提升了企业效率。这都是企业在社交化商业场景的极致体现。

（五） Salesforce 的营销云

过去的广告是中心流量，PC 就等于浏览器，浏览器就等于百度，只需要在百度投放广告就可以等着转化了，但今天显然并非如此。我们能清晰地感受到，广告开始从百度投放逐步往社交广告朋友圈、今日头条等平台上迁移。

被动等待广告转化，再获取商机的时代早已不再，今天的企业投放营销广告，需要主动推送到微信朋友圈、今日头条等平台，将广告推送出去之后，则需要有一个展示页面或 H5 页面，并和 CRM 系统紧密连接，最终将客户信息汇集到企业。

不但如此，企业通常是在多个媒体同时投放广告，还需要监控哪个媒体更有效，ROI 值更高。这个过程，也需要通过 CRM 系统获取数据信息并进行分析后统计效果。

以上这两大能力，就形成了一个 Maketing Cloud（营销云）的雏形。

那么，为什么 Salesforce 做营销云的优势就如此巨大呢?

其原因就在于，用户使用了 Salesforce 的产品后，其资料就存在了它的 CRM 系统中。

这时候，Salesforce 就有了用户的基础画像，大概知道客户的标签，与社交媒体合作投放广告的时候，根据这些标签做定向投放，效果自然更好。投放广告后，直接将销售线索引入了 CRM 系统中，再由销售人员实现转化。

综上所述，以 Salesforce 的营销云为代表的 SCRM（社会化客户关系管理）就开始出现在越来越多用户的视野中。

谈到 SCRM，通常是以下三个形态的能力:

形态一：帮助企业将广告投放到社交媒体中，再帮其把销售线索收回到 SCRM 系统中，接下来销售人员去做线索转化。

形态二：主动将社交媒体中的用户投诉信息抓取到系统中，再由企业员工处理投诉信息。

形态三：追踪员工转发文章等企业信息所带来的商机，并对这些商机进行统一管理。

当 Salesforce 走到这个阶段，很快就抓住了它的第三个机会，于是从 2012 年开始，Salesforce 就开始称自己为 SCRM。

实际上，过去的客户关系是线下的，或者电话联系的，而今天却几乎融入社交网络。从本质上来说，CRM 的发展方向一定是 SCRM。

（六） Salesforce 的第四次契机——AI

如果说 Salesforce 在抓住了 SCRM 的契机迎来了全新的发展，在这之后，它所抓住的第四波发展机会就最终奠定了其在全球 CRM 市场的绝对领先地位。

过去，CRM 中的数据都是靠销售人员手工录入的，而这个时候的 Salesforce 则是直接将社交网络中的数据同步到系统中。大量来源于社交网络的销售线索、大量客户投诉信息都可以直接汇集到 CRM 工具内，客户资料是海量且相对全面的。

这个时候，Salesforce 就发现自己可以通过大数据做 AI 了！

一提到大数据，我们能感受到的，大概有三个阶段：

阶段一：数据洗刷。企业数据来源极多且散乱，在这个阶段，厂商可以帮助客户将这些数据整理成有序的表格。

阶段二：数据可视化。在完成数据洗刷之后，我们往往要输出两类图表：一类为企业管理而生；另一类为销售而生。

举个例子来说，“为销售而生”的图表至少需要销售人员对他所服务客户的属性一目了然——知道客户对什么感兴趣、以前有没有投诉过自己、什么时候通过电话、和自己的关系紧密度如何……

阶段三：AI 赋能。AI 的崛起，让企业可以通过云端的客户标签更好地反向推动销售人员工作。

例如及时发现某个客户可能快流失了，需要尽快付诸行动留下客户。数据显示某个客户投诉了你，可猜测出他投诉的是哪几个问题，系统会弹出一个知识库，帮助你去回答和解决各种各样的问题。

不但如此，这时候 AI 的出现让 CRM 出现了本质的改变。

过去都是“人为系统服务”，需要人不停地向 CRM 中输入数据，从而让管理者看到数据图表。而今天的 SCRM，是直接从社交网络中抓取各类数据生成图表，反向驱动销售工作，并不需要销售人员录入数据，是与社交网络中的客户交流后，系统自动输出的图表。

这时候的 Salesforce 正是处于大数据的第三阶段，以大数据为基础，让 AI 为企业赋能。

为什么 Salesforce 成了一家如此伟大的公司?

它牢牢把握住了每一个爆发节点，并结合市场特征不断尝试新的变革。一个让 CRM 从工具走向平台，再走向社交网络，最后又走向 AI 的巨头正是这样一步步演化而来。

张星亮，六度人和（EC）创始人、CEO，中国科技大学软件工程硕士，28 项软件专利发明人，腾讯早期员工，曾担任 RTX 和 TM 的产品负责人，在 IM、SNS、SaaS 等方面有领先思维和实战经验，率先在中国提出 SCRM 理念，并荣获“移动 CRM 领域最具创新人物奖”“中国移动 CRM 年度人物奖”“2016 年最具行业领导力奖”。

二、

从 Salesforce 收购 Mulesoft 说起，讲讲企业数据交换

王泽瑞　飞驰云联联合创始人

美国 CRM SaaS 巨头 Salesforce 65 亿美元收购 Mulesoft①，今天我们就从这里说起。

（一） Mulesoft 是干什么的

Mulesoft 于 2017 年在纽交所上市，当时估值约 30 亿美元。业界普遍反映 Mulesoft 是一家闷声发大财的公司，那么它到底是干什

① 一家美国软件制造商，致力于应用程序界面相关业务。

么的？Mulesoft 的核心产品是 Anypoint Platform，一个企业软件集成平台。尽管只有一个产品，但从 Gartner 的划分标准来看，Mulesoft 至少同时踩在了两个领域里：全生命周期 API 管理（Full Life Cycle API Management）和企业集成平台即服务（iPaaS，Enterprise Integration Platform as a Service）。

（二）从 SOA 说起

讲 API 管理之前，我们先来说说 SOA（Service-Oriented Architecture，面向服务的架构）。简单地说，一个企业建设了许多业务系统，每个系统都拥有自己的数据，那么如何将这些分散各处的数据打通，从而可以进一步加以利用呢？这就涉及企业应用集成（EAI，Enterprise Application Integration）这个领域了。

传统上，企业应用集成很多是利用 ETL（Extract-Transform-Load，抽取转换加载）工具，把不同系统里的数据经过抽取、过滤、转换，最终导入到一个集中的数据仓库里，然后再做整合应用。但是这种做法也存在很多问题。

一是只认数据，没有脑子。在数据汇集的过程中，只能针对数据格式本身进行一些处理，很难利用业务系统原有的业务逻辑。

二是随着各个系统数据体量越来越大，把所有系统的数据都汇到一个数据仓库里就变得越来越困难。

为了解决这样的问题，SOA 架构应运而生，就是企业中每个系统都对外发布自己的服务，那么系统之间的集成就可以通过调用对应系统的服务来解决了。

但是，随着企业拥有的系统越来越多，这种系统之间相互调用服务接口的集成方式又遇到了新麻烦。

可能每两个系统之间都需要相互调用服务，最终就会演变成一个复杂的蜘蛛网结构，使得整个集成变得越来越脆弱，难以维护。

为了解决这个新问题，ESB（Enterprise Service Bus，企业服务总线）的概念又被提出来了，就是把每个系统的服务接口都对接到企业服务总线上，这样在系统集成的时候，只需要跟总线打交道，而不需要直接跟所有其他系统打交道了，从而大大简化了集成的复杂度。

我们说回 Mulesoft，在 SOA 领域里，你可以把 Mulesoft 当作企业服务总线来用，把所有业务系统的服务都注册到 Mulesoft，在应用集成的时候只跟 Mulesoft 打交道就可以了。

（三） 全生命周期 API 管理层是解决什么问题的

我们讲 SOA、服务化的趋势，企业中各个系统都是以 API 形式提供服务的。再加上企业越来越多地使用云服务，各种云服务也提供了众多 API。

这就导致企业拥有的 API 越来越多，就需要有一个系统把这些 API 统一管理起来。同时，如果能够顺便把这些 API 的权限认证、安全审计等机制一并统一了就更好了，这样其他系统调用起来就方便多了。

统一管理以后，当然又会出现更多的想法。例如能不能改一下原有 API 的格式内容？能不能把两个 API 合成一个 API？能不能让一个 API 直接调用另一个 API？能不能把这些 API 的调用自动化串起来？简单来说，API 管理就是解决这些问题的。

我们来看看这个领域的魔力象限，很多巨头都在里面，如图 5－2 所示。值得注意的是，Google 之所以排名第一，也是因为它在 2016 年用 6.5 亿美元收购了刚上市一年左右的 Apigee（一家成立于 2004 年的 API 管理公司），跟现在的 Salesforce 比起来，Google 的这个第一买得可真是便宜，足足少了一个零。

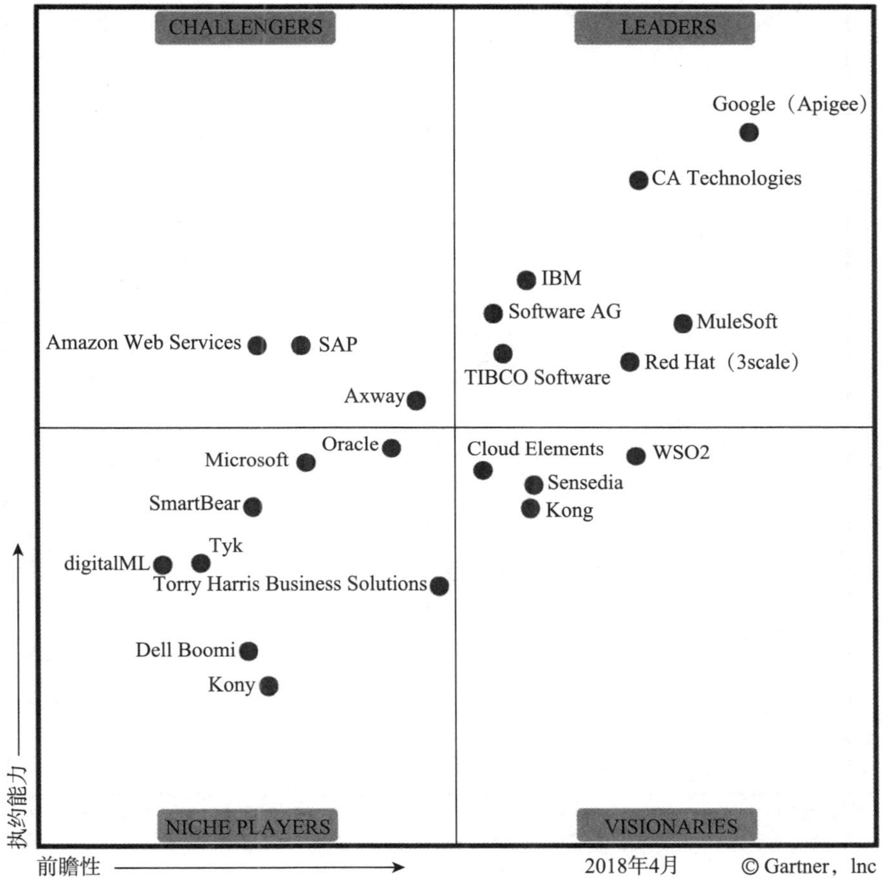

图 5－2　API 魔力象限

（四）企业集成平台即服务（iPaaS）是干什么的

iPaaS 代表了集成平台本身的云化和服务化，这个趋势其实与如今企业 IT 资产云端化的趋势是密切相关的。

我们试想一下，如果企业所使用的 HR、CRM、OA 等系统已经都是云上的 SaaS 服务，那么当企业需要将这些系统间的数据打通时，自

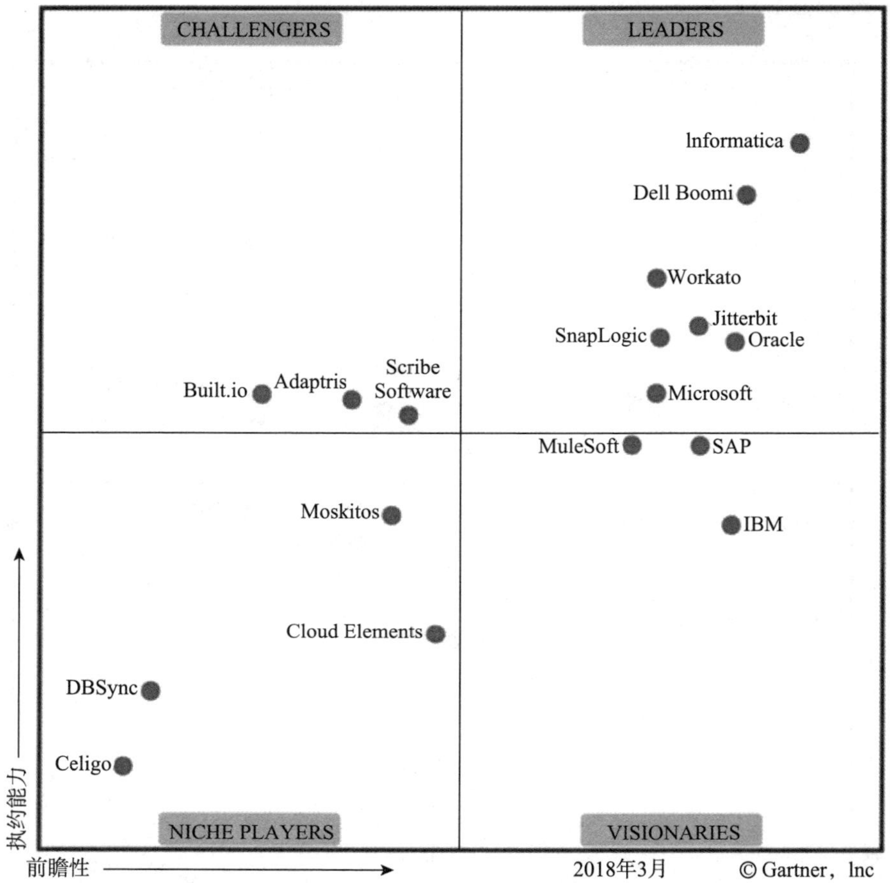

图 5－3　iPaaS 魔力象限

然是需要一个在云上提供服务的集成平台。

所以，SaaS 和 PaaS 模式的应用在企业中使用比例越高，在集成时对于 iPaaS 的需求也就越强烈。当然，iPaaS① 的集成不仅是针对云服务，也包括本地系统，这样就解决了混合云模式下的集成问题。

iPaaS 集成的范畴，除了 API 接口之外，一般还包括更多种类的协议（例如 FTP、数据库），也包括对于文件数据的集成。从这个角度来理解，API 管理更关注 API 的治理与整合，iPaaS 关注更大范畴的集成。

① 集成平台即服务。

（五） Salesforce 看中了 Mulesoft 的什么

Salesforce 最初为中小企业（SMB）提供 SaaS 的 CRM，而随着大客户越来越多，定制化、个性化的需求也越来越强烈，所以就需要提供 PaaS 平台解决个性化、定制化的问题。

而这个定制化，最开始只是以 Salesforce 为核心的功能延伸及简单扩展，而随着个性化需求的不断深入，这种定制已经逐步演变为更大规模的多个骨干数据源之间的数据集成与交换，Salesforce 可能只是多个数据源之一。

数据集成是 PaaS 平台的上层建筑，Salesforce 需要帮助客户解决整合不同数据源所带来的挑战。收购之后，Salesforce 会将 MuleSoft 植入 Salesforce Integration Cloud，从而帮助客户连接多个数据源，并计划在之后推出集成云。

所以，可以看出 Salesforce 其实更在乎的是集成（Integration）这个词。

（六） 美国 iPaaS 如火如荼，中国呢

不一样，火候未到。正如前面所说，新型应用集成平台的基础前提是 SOA 普及化、业务服务化和云应用。而中国企业目前在这些方面普遍比较初级，集成平台的生存基础还比较薄弱。除互联网企业外，常规企业及政府部门的 IT 系统 SOA 化水平普遍比较低。这就导致对于 API 全生命周期管理来说，许多企业确实没有那么多 API 要管。同时，企业使用基于云的 SaaS、PaaS 应用比重也比较低，上层的 API 整合并不迫切。然而，国内企业依然是有应用集成需求的，目前普遍采用的方式依然以传统企业应用集成（EAI）的方式为主。如今的 BI 产品普遍也包

含了基础的数据汇集功能，并且其数据展现效果非常好，也确有数据挖掘价值输出，在国内的文化氛围下甚至更受欢迎。而数据集成，实际上是基础支撑能力的建设，这种藏在背后、默默无闻的“隐身英雄”就没有那么吸引眼球。在当前国内的 IT 建设水平及规划认知水平来看，推行集成平台的困难比较多。尽管当前国内也有与 Mulesoft 对标的公司，但主体上也都是以传统 ETL① 工具的升级为核心，主体面向的也依然是传统领域，而不是新兴领域。以当前国内云应用的普及阶段来看，即便是提供 SaaS/PaaS 形态的集成服务，实际市场意义非常有限。

（七）什么是企业数据交换

其实我们讨论的数据集成，从更大范畴来说是企业数据交换。企业数据交换，从范围上可以分为企业内交换（Intra-enterprise）和企业间交换（Multi-enterprise）；从数据内容上可以分为结构化数据（数据库或接口里的数据）和非结构化数据（文件）。ETL 工具、API 管理和 iPaaS 等，都是主要解决企业结构化数据交换的问题，与此并列的还有一个很大的领域，就是解决企业内及企业间非结构化数据交换的问题。MFT（Managed File Transfer，受管文件传输）领域，正是解决企业文件型数据交换与集成问题的。随着国外云服务市场逐步成为主流，国外的各大厂商也都在布局 MFTaaS（Managed File Transfer as a Service），将文件传输管理服务化、平台化。这里有一个反常规直觉的事实，企业之间的数据交换竟然有一半以上是以文件的形态进行的，这在互联网思维普及的今天是不容易想象的。

在 10 年前，企业间交换数据采用文件形态的比重占 60%，当时普

① 数据抽取、转换和加载。

遍认为这个比重会迅速下降，最终以接口服务形态进行交换的比重会占绝大多数。然而今天，采用文件形态的依然占51%的比重。仔细想想，也不无合理。两个对等的企业，行业上下游多个企业之间、不同系统之间进行数据交换，采用文件的形式，可能是最简单便捷的方式。实际上，这就是现在火热的 B2Bi（Business-to-Business integration）领域，就是专门解决企业之间的数据交换问题。

（八）中国的企业数据交换之路在哪里

从中国企业目前的 IT 发展进程来看，企业数据交换领域在未来的 3~5 年会迎来真正的爆发。而国外在该领域所经历的数个发展阶段，在中国可能会被一步跨越。而在企业数据交换领域中，最先成熟的应该是基于文件型数据的交换平台。实际上，2015 年以来的大数据应用浪潮，已经很大程度上激发了中国企业文件数据交换能力建设的需求。

不管是企业内还是企业之间，基于文件的数据交换有一个好处，就是不依赖业务系统建设的水平，耦合度比较低，而且很多场景可以直接解决业务问题，建设门槛比较低。

从企业数据交换领域的国际巨头进入中国市场的发展路径来看，也是以文件数据交换为最初突破口，主要集中在金融、运输、制造、媒体等行业。

王泽瑞，Ftrans 飞驰云联联合创始人，解放军理工大学通信工程硕士，数据交换技术专家，有 15 年网络通信技术和企业信息化建设经验，参与了多个国家级数据传输网络建设，致力于推动高性能大数据交换领域的技术革新。

三、

中美 SaaS 差异究竟在哪里

程远　亿方云创始人

我曾有幸经历了 Box（美国云存储服务商）从 2009 年转型企业级 SaaS 一直到 2013 年成为行业领军的完整崛起之路，2013 年决定回国创办亿方云科技，我和我的团队历经艰难仍在从 0 到 1 的路上摸索，今天借这个机会分享一下通过这两段经历我所感受的中美 SaaS 各个维度的异同。

以亿方云所在的品类为例，有些部分具有行业共性，有些部分可能不一定适用。

（一）中国 SaaS 创业起步阶段之异同

1. 相同之处

（1）纯互联网背景的人在面向企业端的市场也是有机会的。

在传统企业软件领域，基本公司的创始人都是资深的销售人士或是行业的资深产品专家，Box 的创始人的背景则是两个 22 岁辍学学生。Box 在 2009 年之前是做 To C 产品为主，创始人没有任何 To B 和销售经验，但在 SaaS 领域硬生生地杀出一条血路。

我觉得 SaaS 是互联网加企业级软件的结合体，不管在国内还是在美国，纯互联网背景的创始人也是有机会的，但前提是能够非常快速地认知 To B 这个市场，并且招聘到关键的 To B 销售和市场人才。同时因为 Box 强大的互联网基因，成为它后面打败一干传统软件行业竞争对手的撒手锏。

（2）市场阶段很像。

我在 2009 年加入 Box 的时候，Box 还很小而且刚刚转型做企业 SaaS。2009 年的美国和 2015 年的中国在 SaaS 领域的直观状况很像，SaaS 品类里只有 CRM 成功崛起，而其他的品类都相对较小。大众对于 SaaS 的接受程度还比较低，都认为企业级市场还是传统软件巨头的天下，例如当时企业文件管理领域——微软的 Sharepoint 已经拥有巨量的收入和客户。

SaaS 初创公司，包括 Box 都认为这个模式主要就是服务中小型企业的，而对于中大型企业则不然。一是大企业很有钱；二是他们担心安全；三是中大型企业对 SaaS 小品牌不信任，必然会依旧是巨头们的“口中食”。但后面真实的故事是，Box 4 年之后成为数十家世界五百强企业的选择，而中大型企业对于 SaaS 的产品能力、服务能力，以及安全性的认知发生天翻地覆的变化，这个超出了当时所有人的预期。所以大家一定要对 SaaS 有信心，这就和 10 年前的支付宝一样，不需要多少年必然会成为主流。

（3）SaaS 行业崛起都是在互联网的普及背景下开始的。

在美国，SaaS 崛起更多的是在 PC 互联网的大众普及以后，而中国是在移动互联网的普及后，这主要是因为 PC 互联网在中国没有真正做到过大众普及。但共同的特征都是因为互联网的普及带来的人们对于云服务价值及便利性的认识加深，再加上互联网普及催化了人们对于随时随地办公刚性需求的认知，而这正是 SaaS 相对于传统软件最有优势的地方。

2. 不同之处

（1）用户需求成熟度和对企业信息化认知度不同。

这是最根本的差别，创业起步阶段产品、销售、市场的模式都会不同。例如 Box 和亿方云，在 Box 从 2009 年转型做企业服务开始，前两年是完全没有线下销售的，都是电话销售。销售线索绝大多数来源于搜索引擎，说明存在大量已经有显性需求的企业客户，这些客户就已经可以支撑 Box 早期的销售增长。而国内呢？因为对企业信息化的认知，整个品类都处在很早期的阶段，光靠有直接需求的企业客户很快就看到天花板了，这就迫使我们在早期就进行教育引导用户需求的过程，而这样的销售方式只有线下才能完成。所以，在国内 SaaS 早期根据品类的不同一定要找到最合适自己的销售切入模式，不宜直接学美国的。另外，其实从国内 CRM 的崛起可以看到，在国内云端 CRM 其实已经进行市场教育很多年了，例如八百客。即使如此，也经历了这么多年才爆发，所以市场教育的挑战是巨大的。对其他的一些还没有起来的品类来说，如何最有效、最低成本、最快地进行客户市场教育是最应该思考的问题。

（2）SaaS 人才基础不同。

回国创业，除了面对市场教育的挑战，最大的挑战是没有为 SaaS 行业专门准备的人才。在美国，因为早年 Salesforce 的兴起，以及这个行业从 2000 年就开始不断孕育，到 2008 年左右的人才基础已经比较坚实了。但回国创业初期，我最直观的感受就是国内非常缺乏 SaaS 领域的专有人才，尤其是销售、市场、服务人才。

国内的销售绝大多数是品类很成熟的传统软件行业的销售，而且是偏关系型销售。突然让他们销售品类不成熟，以价值销售为主，且客单价低的产品，他们会非常不适应，很有可能卖不好。

SaaS 市场，人才应该兼具 To B 和 To C 的能力，因为配合销售需要懂得传统软件销售那些套路，同时作为低客单价的 SaaS 产品还要通过互联网进行广泛的传播和市场教育，要有 To C 的思维。这种人才实在太难找了。

中国绝大多数服务人才都是被动 Call center（呼叫中心：处理来自企业、顾客的垂询与咨询需求）背景的。但 SaaS 服务讲究帮助客户成功，主动服务能力要求很强，更像是一个咨询顾问，同时还要自带一些销售技能引导用户续购和增购。大家在挑选人才时尽量挑可塑性强的，因为每个人都要对自己进行重新定位。

（二）中美 SaaS 产品形态和产品策略的异同

1. 相同之处

（1）产品体验是 SaaS 的撒手锏。

对于产品体验，我的认识是：SaaS 产品必须做好，并且一定要和传统同品类软件形成差异。

我曾问过 Box 的销售，在那么多竞争对手里，彼此的产品功能差别并不大，为什么大多数企业会选 Box？答案是：Box 的用户体验更优秀。这点在国内企业客户选型 SaaS 产品的时候也很类似。越来越多的 CIO 意识到，真正的企业信息化是采购让员工喜欢的产品。因为员工用不起来或者用不好，信息化系统功能再强大也没用。不过这里所指的用户体验不仅是产品的易用度，还包括产品的移动性、需求场景贴合度等。

（2）产品可配置性非常重要。

SaaS 产品在一开始设计的时候就尽可能做成可以自由配置的。因为作为企业级产品，产品的功能随着企业需求的增多只会越来越复杂。而 SaaS 不像传统软件可以有很多个版本，它只有一套代码。

这时候就真的需要产品，包括底层模块具有很强的可配置型，这样在面对不同的客户时，将其需要的功能呈现出来。

一方面保证了产品的简洁易用；另一方面可以让产品兼容不同企业的差异化需求。

（3）公有云？私有云？全球都在争论。

这个话题的争论的确是全球性的。当然，需要明确的是：这里所说的争论不包括那些“天生”就适合私有云的产品，例如大数据产品。如果它们被公有化，要么性能不佳，要么数据量太大。

我还在 Box 的时候，这个问题也被反复提出来讨论。许多大客户只要私有化部署，否则就只能面谈，但最后 Box 也没有任何一次私有化部署。我的建议是，私有云和公有云肯定各有各的好处，但如果初创公司准备做 SaaS，除非是为了生存，否则尽量避免做私有化部署。

公有云和私有云兼有会造成几个比较严重的问题：

①对于私有化部署：公司无法向客户承诺如公有云一样的产品可用性、迭代性甚至服务质量。

②销售人员愿意卖私有云——私有云在初期更好卖，而且卖得更贵。这会让公司离 SaaS 越来越远。

③兼顾私有云会让企业慢慢离真正的产品和技术创新越来越远。因为很多东西在私有云这么小的规模集群上是无法实现的。

2. 不同之处

（1）在中国，移动为先的特点更加明显。

美国的 SaaS 是 PC 互联网普及以后爆发的，所以人们的需求认知起点和较接受的产品形态都是以网站为主，直到现在也是如此。

中国则与之不同。中国企业的老板们接触 SaaS 是通过移动互联网，这需要中国的产品更加以移动为先，因为这是中国很多中小企业的老板能够看得懂的价值，同时也更贴合中国用户的使用习惯。

（2）中国企业用户对于改变工作习惯更难以接受。

中国的企业用户对自我需求的认知和信息化程度都比较初级，让他们接受一种新的工作工具较为困难。而在美国，我所接触的很多企业员工对于新的信息化工具都是持较为开放的心态。但这在中国不成立。这个普遍存在的心理就决定了在中国做的 SaaS 产品不仅要极其易用，还要尽可能少改变用户的工作习惯。例如用他们熟悉的界面风格、熟悉的交互方式、熟悉的工作流程。

因此，类似 Yammer 那样社交化的工作性产品在国内就会被很多员工排斥，因为这违反了他们工作的基本习惯和模式。

（3）产品安全性是中国市场教育更为重要的敲门砖。

在美国，很多中小型企业对初创公司的产品持开放的心态，不会有太多的安全担忧。反观国内市场，SaaS 创业公司应该都有感触，往往第一个限制原因就是安全。因此，中国的产品最好要做得让用户觉得安全。这里所指的除了技术层面，还包括界面上让用户感知到的安全，这对于早期获取用户很重要。

（三） 中美 SaaS 市场竞争格局有什么不同

（1） 中国 SaaS 崛起速度比美国快。

中国企业服务的基础虽然比美国落后许多，但这个领域就像很多消费级互联网领域一样，一旦爆发会比美国还快，从 CRM、HR 这些品类就可见一斑。

大品类的企业服务竞争格局会在未来两年内就基本形成。这个推论一方面是因为中国资本的推动力量更猛；另一方面是企业服务有很多壁垒是由时间的先发优势造成的。

（2） 在中国，任何 SaaS 品类中小企业市场必成红海。

SaaS 其实也是降低了企业服务的创业门槛。就今天，企业服务的任何一个品类中都已经有很多类似的创业型企业存在，而且都是服务中小型企业的。众所周知，中小型企业的需求相对比较简单，这就意味着竞品之间的差异比较小，而后来者因为产品的壁垒没那么高也可以逐步赶上先来者。

其最终结果必然是一片红海。要摆脱这个红海，势必要找到一种可以建立可持续、高壁垒的方法。要么是产品，要么是客户群，或者是你一直有比竞品多一个量级的钱（能达成这一点的可能性极低）。

（3） 在中国要谨防竞品弯道超车。

这里所指的谨防弯道超车是因为目前市场成熟度还不够高，客户对于产品的判别能力还比较弱。

即使你的产品已经成熟，但是当有一家成立很晚、产品不成熟但融资额极高的创业公司，通过市场手段快速形成品牌影响力，并利用大规模销售团队和极低价格的方式对你进行冲击的时候，这家企业极有可能搅乱市场。虽然这家企业最后未必能“活”下来，但你有可能因此受到极大影响，包括融资、客户获取等。当然，最严重的是这个市场的土壤受到了不可恢复的污染。

（4）BAT 巨头打造重量级平台。

钉钉、微信企业号这些重量级平台的出现对于中国的 SaaS 生态绝对是大好事，因为它们会极大地加快中国企业接受 SaaS 的进程，这是美国市场不曾发生过的。

如何能够真正利用好这些平台，吃到它们推广的第一波红利是很重要的一步棋。避开和 BAT 正面竞争的方式就是不停地把产品做专和做深，因为 BAT 要打造的并非任何一个专业品类，而是生态系统。

（四）那些在 Box 成功过，我认为在国内也同样适用的经验

虽然我认为在中国做 SaaS 应该完全依据本土环境的特点，但我也认为 Box 的一些成功经验确实有值得借鉴之处。

（1）早期慢比快好。

这里所说的慢主要是指，当我们还没有找到可以快速复制且健康的扩张模式的时候。这个阶段慢一点专心把产品做扎实、把口碑做好、把典型客户维护好、把服务做好、把用户黏性做好，这些是最重要的。

反之，盲目地快速扩张带来的一定是空中楼阁。“烧钱”可以带来一时的爆发，但钱总有“烧完”的一天。倘若那时的企业退订率很高、用户黏性很弱、产品壁垒也不明显，同时又养着一个非常庞大的销售团队，企业将陷入危机，而此前的大规模投入反而为后来者铺了进入市场的路。

回到 Box 来说，Box 的真正快速扩张其实是 2011 年以后的事，之前的两年 Box 一共花了不到 2000 万美金，而之后每年投入超过 2 亿美金。

（2）深比广好。

对于 SaaS 产品，如果没有较强的壁垒及差异化价值的时候，会很容易陷入红海竞争。而建立产品壁垒往往深比广有优势，在这方面，Salesforce、Workday、Box 就是极好的例证。

产品的广度反而是比较容易被模仿的，在美国上市的 SaaS 公司没有一家在上市之前是做超过一个品类的，Salesforce 也是做得非常大以后才开始向其他品类扩展的。

（3）专注比发散好。

SaaS 最终要实现超高的估值和利润，所采取的手段是持续不断地降低平均服务成本。这也是单品类 SaaS 反而比大而全的平台估值更高、利润更高的原因。

专注让企业将一个产品做到极致，然后快速复制就可以形成大规模的收入了。而企业的产品线多，势必导致研发成本、运维成本、推广复杂度、服务成本全面上升，最后反而成了公司进一步变大的瓶颈。

（4）要善于联合。

“云”未来的价值一定是 1 +1 >2 的。越早和其他“云”联合，越能保证自己未来处在核心的云联盟里。

Box 早期的成功有一个很关键的要素——它非常积极地与其他 SaaS 厂商进行联合、产品打通，甚至客户打通。这样做一方面无形中抬升了它产品的价值；另一方面通过这样的方式获取了很多优质的客户资源，同时让 Box 在云厂商中的重要性持续变高。

互动问答：

问题 1：能否对国外通用型 SaaS 和垂直行业的 SaaS 发展趋势做比较呢？在数量方面，行业性的 SaaS 是否少很多？从规模、市值来看呢？

程远：关于通用性和垂直型发展的问题。其实没有好不好之说，一开始必然是通用型的 SaaS 先发展起来，而且是离钱越近的发展越快。

但我认为，在未来，垂直型的、行业性的 SaaS 有更多的市场机会。而且门槛会更高，更少的竞争，更容易形成垄断。行业性的 SaaS，市值与规模未必会更小，例如物流领域、餐饮领域的 SaaS。

问题 2：亿方云在做销售的过程中是自己发力销售还是通过渠道?

程远：由于我们所处的品类在国内尚处于早期的阶段，市场教育工作很重要。因此，一开始是通过我们的直销，这便于我们更有效地对客户进行教育。但后期品类较为成熟，而且客户认知度较高之后，渠道会越来越重要。

问题 3：To B 人才严重不足，既然平台可以联合，人才是否可以共用？尤其是市场推广方面的人才。

程远：正是如此，在这个阶段，各厂商的确是合作大于竞争的关系。当前中国企业服务市场正是极速扩张期（感谢钉钉、纷享销客、微信），绝大部分垂直领域都是市场大于供应的情况。

这个时候并没有所谓竞争对手，最大的对手就是自己，以及自己的进化速度、抵抗诱惑的定力。同时，对于市场空间还在扩大的领域，应该尽力建立产品、服务、销售壁垒以避免未来掉入红海。

问题 4：一般而言，一个企业运营平台的时候，大量的普通合作伙伴最多只能拿到其销售额或收入的 5%。那么，Box 在早期是如何吸引大量合作伙伴的呢?

程远：Box 早期的合作伙伴有两种：一种是“大腿型企业”，例如 Salesforce，这种不需要分成，Salesforce 是未来建平台找 Box 合作的；另一种是第三方应用，开放平台。对于这种合作伙伴，Box 在之后所采取的方法是很高比例的分成，通过其他应用成为 Box 用户的，可以享受服务期内较高的分成。

合作的好处和利益是：在 Box 早期阶段，除了开放平台外，其他的合作都是 case by case（具体问题具体分析）的，一般合作都是有明显的双方利益诉求的。企业级产品的平台，一般主要是服务超大客户的个性化需求的，但和 To C 的平台概念不太一样。我认为，钉钉、微信企业号这种类型的平台是国外没有的，这是新的机会。

当然，也有不少合作最终会流于形式，变成 To VC 模式。

问题 5：据传 Box 在市场推广上投入巨资，占收入大部分，因此很长一段时间内亏损额极高。是否必须采取这种方式呢？这是 Box 成功的重要因素之一吗？

程远： Box 在 2011 年之后疯狂“烧钱”，的确为其建立了在这个行业里较深的壁垒和市场份额，但这其中也有不少钱“烧”得效率较低。正因为如此，它上市会受到华尔街的质疑，但这两年它的营销效率高了很多。我认为，它在 2011 年之后的“烧钱”是必要的，但确实“烧”得过多了。

To B 领域中，任何一个品类一定存在一个“烧钱期”，但我认为不应当一开始就“烧钱”，“烧钱”的前提一定是运营指标都已经非常优秀。

问题 6：对于 SaaS 来说，什么样的留存率是较为健康的？指标不能低于多少？

程远： 事实上，我不认为指标不能低于多少。但我曾经看过一个报告提出：月客户流失率小于 3% 时，销售的增长会较晚看到瓶颈。这个流失率包含所有流失的原因，包括客户公司的倒闭等。据我所知，Box 最好的时候月退订率差不多仅为 1%。

程远，亿方云创始人，浙江大学软件工程学士，卡耐基梅隆大学（CMU）计算机科学硕士；美国最大企业云存储服务商——BOX 初创成员、首位华人核心工程师；多次参加北美云存储技术峰会并发表演讲。

第六章

拥抱资本

一、

To B 领域投资不是有泡沫，而是太干涸

焦学宁　2 号人事部创始人

牛透社[①]发表的一篇东方富海合伙人陈利伟先生的演讲实录文章《做阉割版 Salesforce 难成伟大的 To B 企业》，几乎刷屏了 To B 企业服务圈。我认真地通读了两遍文章，不断产生共鸣，也带来很多思考。

观照陈先生的文章，以我这两年做 2 号人事部的感受来说，确实是丝丝入扣，印证了文章里的绝大部分观点，许多东西不吐不快，因此借此文，将我运作 2 号人事部的一些实际经验分享出来，与同在 SaaS 领域奋斗的同仁们共勉。

① 崔牛会旗下媒体平台。

（一） 泡沫是一个相对的状态

行业的发展比不上资本进入的速度才会产生泡沫，而 To B 领域的现状是，行业奔跑得太快，反而是资本跟不上行业，甚至资本的不足量掣肘了产品的成长速度。

以 2 号人事部来说，我们从 2016 年 12 月正式上线，到 2018 年 7 月，企业用户数从 0 到超过 50 万，只用了 600 天。这并不能说明我们多厉害，它能说明的是市场在迅速发育、需求在迅速扩大、用户在迅速成熟，外部环境要求我们的产品不能用跑的速度，而是要飞起来，才能跟上市场。

2 号人事部在人力资源 SaaS 领域应该算是幸运的佼佼者，2017 年下半年是互联网领域寒冬，但我们仍然凭借自己的高速增长和稳定的留存率在 2017 年 12 月的最后两天完成了 7000 万元的 A 轮融资。

与此同时，我看到了多家同行因为资金链断裂而相继退出竞争或者被大公司并购，当时有一句玩笑是：投资人的钱大概都被共享经济吸干赔光了，地主家也没有余粮。当然资本的谨慎所带来的行业发展慢也有好处，让我们有时间在自己的垂直领域内把根扎得更深，也避免了过度资金催生出赔本赚吆喝的“烧钱”模式，毕竟企业服务是一个非常理性的领域，转化需要足够的时间和耐心。

（二） 市场正在回归理性

陈利伟先生观察，早期的 SaaS 领域驱动力按大小排列，依次是销售 > 产品 > 服务，我们当时所见的大部分同行也的确如此。

记得 2 号人事部刚开始立项的时候，我对不少做 SaaS 的同行做过调研，大家的通行做法是：产品只要有了个样子，销售就赶紧跟进，多招一些销售人员搞所谓“铁军”开始跑市场。

我理解大家的做法，毕竟对创业者来说活下来才是第一要义，所以销售最重要，服务最不重要。很多 SaaS 产品公司把服务排到最后，是因为服务更多被理解为成本，所以大家必须先解决生存问题，服务只能是有余暇考虑情怀之后再来做的事情。

产品的重要性没有争议，技术服务类的创业者本身多数都有产品情结。大家都明白产品价值才是基础，销售是产品价值自然而然带过来的衍生品。直到今天，我们仍然对产品保持敬畏，仍然以每周两个版本的速度持续优化迭代产品。

在 2 号人事部上线 600 天里，我们已经更新了 153 个版本，累积增加了 9530 多项功能点，保持了甚至比很多 C 端产品都快的更新速度，这也一直是让我们骄傲的一点。

但是我们的真正独特之处在于，并不是简单地区分产品、服务、销售，一直秉承 SaaS 的核心理念——“软件即服务”。

事实上，2 号人事部从立项开始的时候就将服务融入了产品开发与销售当中。时至今日，我们仍然没有设置“销售”这个岗位，而是招了 10 多个服务顾问，每个人都有 3 年以上的 HR 从业经验，因为我们希望不只是卖一套软件给客户，而是给客户提供从企业诊断、改进建议、软件和企业情况的结合、后期的改进效果跟进等全生命周期的服务。这个价值不是销售人员能提供给企业的，也不是软件本身所能解决的，而一定是既了解产品，又能懂得用户的使用场景，提供实战经验的专家才能搞得定，2 号人事部给用户提供的是 360 度全方位的服务。

我们区区 10 多个服务顾问，虽然并不是以销售额为导向，仅 2017 年一年也能给产品带来 2000 多万元的营收。服务到位了，用户自然买单！

所以，我对陈利伟先生的“驱动力顺序正在变为产品 > 服务 > 销售”的诊断，有一些自己的感受。

我认为，产品最终一定是最强大的力量，一个优秀的产品，自己本身就会做销售。不过在现阶段，市场和产品都还没有彻底发育成熟，我们可以用服务来补上产品力的不足。这并不是缝缝补补，而是整个行业处在发育时期或者普及苏醒时期，行之有效的解决方案。

（三）互联网打法改变了产品和运营的模式

在互联网运营这个方面我们感受最深，之所以能在激烈竞争中脱颖而出，在行业资金投入不足时仍然获得大量资本的青睐，一个很大原因就是我们用社群化的方式来运营用户。

在做 2 号人事部之前，我们已经潜心做了很多年的社群，通过长期运营微信号，以及一万多个微信群、QQ 群等多种手段与精准用户保持联系，一直做到拥有了全国最大的 HR 社群——可以随时触达和影响超过 500 万 HR 人群。当我们开始做 2 号人事部之后，这个社群提供了巨大的推动力。

首先，产品的快速进化。通过社群，我们每天都能收到海量的反馈意见，多的时候一天甚至就有几百条，这些来自一线使用者的意见，让我们的产品方向明确，从来没有为产品该怎么进化这个问题头疼过，只要接受被提到最多的意见，产品就会越来越贴合用户。

其次，运营上的黏性。我们时不时就会收到用户的怒骂，说这个功能不好、那个功能不方便。但有趣的是，越是这样的用户，忠诚度越高，几天就要骂一次，但就是不走。

通过社群，让一小部分用户先用起来，让一小部分功能先用起来，得到验证之后再推给更广泛的用户，这样做的试错成本非常低。而前期所有帮助我们测试、给我们批评的种子用户，后来都成了我们的忠实用户，还帮助我们获得了大量的新客户。

就连我们在推出收费企业版的时候，仍然是这些给予我们批评最多的用户成为 2 号人事部第一批积极付费的衣食父母。

（四） 企业软件商业模式的消费者化

根据我做 2 号人事部的经验，我认为商业模式的消费者化有两点：

一是服务需要跟随用户。

B 端产品，本质上售卖的是解决企业需求的服务，而服务是跟着用户走的。在互联网时代，90 后员工大量涌入职场，他们的普遍需求是轻量化、简便化、高体验度。

一个笨重粗糙的系统丢给他，他的第一反应就是拒绝，在实际行动上表现出来就是你卖不掉。近些年，传统的大型管理系统越来越式微了。

为了跟着用户走，我们做了不少跨出自有产品以外的东西，并如同一个 C 端产品一样关注用户的时间在哪里、使用习惯在哪里等。例如此前企业管理者实现信息化的痛点之一是如何说服员工下载 App 或者独立客户端，然后还要教会大家使用，这个门槛太高让大部分客户都望而却步。

我们却注意到企业员工都在用微信，企业也多半有自己的各层级微信群，所以就积极开发了基于微信的小程序服务，推出了审批小程序、Wi-Fi 小程序、考勤小程序等，把员工经常会用到的管理环节从 2 号人事部上摘出来，放到微信里面。

这样做的效果非常好，因为微信是人人都有的，而且人人都会用，用户不用专门再去下载一个 APP，也不用付出学习成本，在他现有的经验和使用场景上，很容易就能把打卡、审批这些事情做了，而且效率提高了很多倍。结果就是，我们的小程序出来以后，首月用户就突破了10万。

二是推动用户用C端的习惯来付费。

企业级服务，要转化一个付费用户非常难，因为买单的和使用的经常是两个不同的人，这种别扭感总是让成交周期拉得很长。2号人事部是人力资源垂直领域的SaaS，给我们买单的是企业，用的人又是HR，各种审批走下来，流程必然会拉得很长，后来我们基于自己的互联网基因想到了别的办法，就是培养用户自发购买的习惯，然后再去企业内部走报销账目，成交周期就缩短了很多，甚至有些单子不需要我们人工参与。

在产品上，我们设置了商城，上架社保代理、背调、测评、企业短信等商品，完全用电商的模式来运营，用户可以自己查看、介绍、了解商品，自己走完从浏览到付费的整个流程，而不是“让专业销售对接客户”的传统B端销售模式。

尝试的结果是，复购率非常可观，经常会有企业的HR反复购买我们的多个产品，而这个过程中，我们没有任何的人工参与。

（五） SaaS是基础设施，To B创业是一次长征

作为一个连续创业者，我深刻地感受到To B创业确实不是一条好走的道路，它无法像C端产品那样抓住一个痛点，可以借助资本的力量快速获客、快速形成壁垒。

B端创业的道路，注定是一条漫长的沉淀之路，打磨产品、明白用户、建立服务体系和流程，然后还要不断学习、调整，让自己的产品能够和业务逻辑适配，并最终提炼出基于信息化的一整套管理体系，从而

反哺企业，推动行业发展。

To B 创业之路，就是一次长征之路。我们会遇到无数的困难、无数的诱惑，在时时刻刻的压力下，很多企业走着走着就迷失了方向，最终不见了踪影。

但是，正如陈利伟先生所说，SaaS 客观上是一种基础设施，是中国企业转型升级所必需的产品，在经济环境下行的时代，通过信息化技术来提升中国企业的管理效率，降低企业管理成本，帮助企业走出困境，已经成为我辈 To B 创业者不可逃避的责任。

焦学宁，点米网络科技股份有限公司 CEO，2 号人事部创始人，华中科技大学管理科学与工程硕士。连续创业者，11 年互联网行业创业经验。在行业内首次提出了“基于需求场景的人力资源服务”的先进理念，并在此基础上带领团队开发出首款由百万 HR 众创的人力资源 SaaS 软件——2 号人事部，旨在系统性地帮助企业解决人力资源管理的各种问题，上线 600 天以来，已获得企业用户 50 万以上。

二、

资本寒冬，应该怎么做

李骅　钛资本管理合伙人

每天创业圈都在传递一种偏悲观的声音：创业维艰，资本寒冬，还让不让人活了？如何理性、客观地来看这件事，这是我试图跟大家探讨的问题。我想说的是，大可不必紧张，寒冬其实是一种常态，但是春天也一定会来，就像一年四季周而复始。资本寒冬是真的吗？

有几个数字：2017 年上半年募资额 1342 亿美金，2018 年上半年跌到了 341 亿美金，缩水 75%，也就是说同比只有 1/4 的资金流向投资市场。LP 可能抱谨慎的态度或者也迫于资金压力，策略就会缩紧。

如图 6－1 所示，2018 年 7 月底，科技公司有 33 个 IPO，这个现象说明什么？这个市场欣欣向荣吗？恰恰相反，大家都觉得必须赶上末班车，如果再不上车可能这辈子就没机会 IPO 了。这里大多是鼎鼎有名的公司，但首先普遍是流血上市，亏损甚至是巨亏的情况下上市；其次，一二级倒挂严重，二级市场的市值低于进入之前一级市场的估值；最后，上市破发，图中 60% 以上是上市首日破发的状态，有的在上市不久市值就缩水五六成。

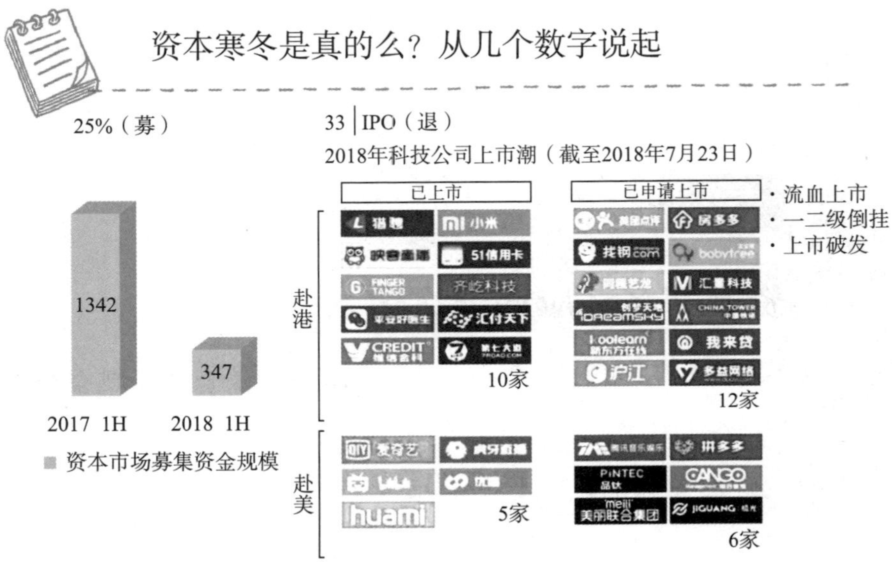

图 6－1 资本寒冬的几个数字

图中两个数字是两端：一端是输入端，募来的钱流入；一端是输出端，退出的钱流出。这个现象反映出一些事实，如果企业一片向好，三年还有很大的发展空间，就不会着急上市。反之，大家会觉得这三年是一个非常重要的时间窗口，错过了可能就再也没有机会 IPO 了，甚至包括小米这样的公司都会有这样的担忧和顾虑，因为毕竟要为前任投资人负责。

由此可见，寒冬确实存在，但首先寒冬是资本的寒冬。作为创投市场的另一侧“创”，“投”有寒冬，创业一定受间接影响，这是毋庸置疑的。在我看来，是挑战也是机会，这取决于我们看待这件事情的方法，也取决于我们所做的事情的状况。

在资本比较热捧的时候容易产生泡沫，投资也变得盲目，这时会产生大量劣币驱除良币的情况。于是随着时间的推移，投资变得理性，泡沫被打压，劣币或次良币被“挤出”。如果你是劣币，你很危险；如果你自认是良币，那么完全不用紧张，只需握在手里。

（一） 寒冬期 To B 创业企业观察

通过我对 To B 创投工作过程的观察，To B 企业相对 To C 企业有如下几点特性：

第一点，To B 相对 To C 来说更容易实现盈利。

因为在中国的创业环境里 To C 是靠“烧钱”产生的，所以它的窟窿很难补上，例如京东，人均获客成本很高，现在更多是考虑如何通过线下的经济去反哺线上，让获客成本进一步的摊薄，实现更大的规模经济，才有机会盈利。

第二点，To B 更容易制订 Plan B。

什么叫 Plan B？在融资这件事上 Plan A 就是一轮结束，准备启动下一轮。本轮计划融 5000 万元，这是 Plan A，那 Plan B 是什么？3000 万元还是 2000 万元？都不是。Plan B 在投资圈大概的共识是在不融资的情况下还能活下去的方案。其实 Plan B 就等于 Plan Z，没有那么多选择，只有融到钱和扛下去两种状态。

第三点，To B 的产品迭代和市场迭代更稳健。

To B 竞争环境相对比较健康。CRM 或者其他领域，真的是红海吗？在我看来，把中国这个领域所有的创业团队的市场份额加起来只占很小的比重，所以根本不存在严格意义上的竞争，就看谁在自己的赛道上跑得更快。这样的环境产品和市场是有可能比较有计划地进行迭代的。

第四点，To B 更容易抱团取暖。

To B 的事一定意味着产业链，意味着有上下游，或者有周边的能跟你拼起“七巧板”的伙伴，像 Oracle、SAP、IBM 这些巨头都在长期经营生态。因此，有机会和小伙伴一起“抱团取暖”。“抱团取暖”的方式有两种：一种是业务上的“抱团取暖”，组一个联盟，联合起来做得更大更强；另一种是资本运作层面的“抱团取暖”，例如 A、B 两家公司，上下游关系，A 能反哺 B，B 能反哺 A，但各自融资都非常难，如果有合并的机会，可能就容易很多。

第五点，To B 的合作意识更强，实现“互哺”。

To C 领域两家对手通常是对立面，摩拜和 ofo 不太可能并到一起，也不太可能融合，只能对着干。但基于前面说的原因，To B“双赢”的情况是非常普遍的，能冲出来的一定是有开放的强合作意识的团队。

（二）寒冬期投资机构观察

第一种，投资停滞、关门大吉或者转做 FA。

身边很多朋友是自己做基金的，3 亿元以内的小盘基金，从 2017 年年底到 2018 年上半年，寒冬的环境直接影响他们新一期的募资，有的比较惨，刚刚开张就陷入困境了，钱不到位，这种情况怎么办？要么关门，要么转做 FA，先去促成一些交易，赚到一些钱，再反过来养活团队，等找到合适的时机再把基金做起来。这是一种被动式的机构表现。

第二种，投资放缓，转为消化。

我们经常听说有只看不投的机构，还有钱，但是之前投得有点快，被投企业发展也不太好，现在要把脚步慢下来。就像吃得很快但胃里没消化，怎么办？当然是慢慢消化再去展开下一轮，这个周期至少会持续半年。例如几个一线机构已经开始把眼光转到对自己的 portofolio（被投企业）进行整合、消化和优化的过程中，所以投资的步调也放缓了。

第三种，投资加快，快速布局。

确实有一些机构，发现市场已经靠自然选择在快速淘汰的过程中，其他资本也放缓了脚步。如果你是一个猎人，怎么看？冬天是一个绝佳的狩猎时机，好识别猎物，而且大多是大只、健壮的，这是一种非常“凶猛”的打法，往往以二三线机构居多，因为他也有生存压力，在这时候疯狂去找好资产，效率反而高很多。这时候估值已经被打压回相对理性的空间了，价格合理甚至低于预期。

（三）SaaS，“爱恨分明”

如图 6－2 所示，SaaS 有广义和狭义之分，在我看来，从管理的角度，根据业务需求分成上位、中位和下位，上位是人、财、物、信息，还有整体的 ERP；中位是通用型的，就是生产链条里的交易、运营、交付三个环节，还有一些在行业里垂直的，例如金融、汽车、工程、电力；下位是一些工具类的 SaaS，所以 SaaS 非常难做是因为它是一个涉及面非常广的行业。对于投资人来说也是非常难消化的资产，但是如果能把企业的价值勾勒得非常清晰，基本上是能够说服投资人的。

什么是“爱恨分明”？投资人分两种：一种是“有 SaaS 项目我必看”；另一种是“SaaS？不看”，往往是一线机构会是第一种形态，因为基金的期限很长，视野也很广，喜欢做深口袋的事，SaaS 其实真的是深口袋。如果有一天能跑出临界点，躺着都赚钱，这就是 SaaS 吸引人的地方，但有可能是 10 年，也可能是 20 年、30 年，也有可能企业死在中间的第 5 年、第 12 年或第 22 年，可能经历了贫贱，没有经历富贵，所以投资人对 SaaS 又爱又恨。不喜欢 SaaS 的投资人认为客单价

说说SaaS:“爱恨分明”

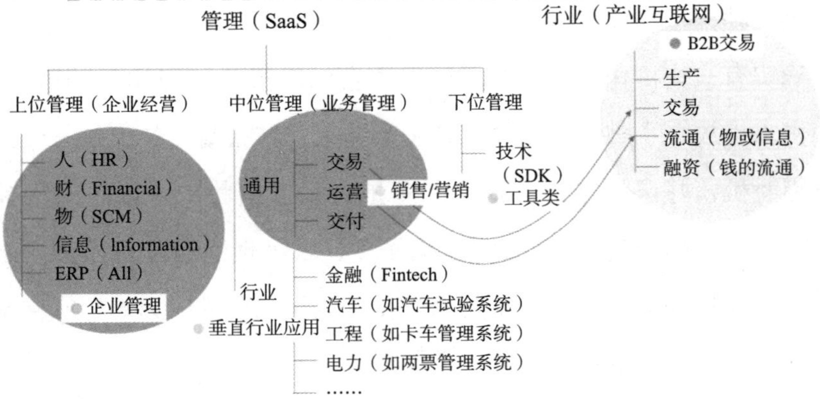

图 6－2　SaaS 根据业务需求分类

低、获客成本高、短期没什么体量，怎么退出？投资人有不同的认知，我们应该怎么看？我倡导不要 To VC，坚持你认为有价值的东西，价值根基立得住，一切都立得住。当然也需要一些桥梁转化的工作。

创业者对策：长期回归到“价值线”。接下来是给大家的一些对策和建议，最核心的是长期回归到价值线。价值是否能立得住，大概率决定了能否度过寒冬，能度过一个、两个还是三个？我认为最后跑到金字塔尖的就那些，所以，一开始市场上是 10000 个企业还是 1000 个企业获得投资不重要，最后到金字塔尖的数量基本是一样的。从这个角度看就无所谓了，如果关注价值，关注能走到最后的或许是未来巨头的企业，底下的就是炮灰，就是为了金字塔尖而存在的“底盘”，受影响的是这些企业，有能力活下来的终究会以各种方式活下来。这是非常残酷，但又很现实。

当然，每个人对价值的理解可能会有差异。什么叫价值？企业的价值分三层：第一层是用户价值，或者叫客户价值。你能为每一个 B 端企业客户带来的真实的价值是什么？是成本控制还是收入增长，是人力成本的降低，还是整体的效率提升？一定要有价值，而且越强越好，这是立身之本。

有了第一层才会有第二层的经营价值，说白了就是用户的价值可以变成钱，这是必须的，赚不到钱肯定是你的用户的价值是伪命题，大家不为此买单。但有可能现在不赚钱，以后可以赚大钱，另当别论。

再往上是投资价值，如果企业地基不够扎实，越往上衰减越厉害，当然有用户价值没有经营价值的案子绝对不会进入我们的视野，可能“烧”了5年钱都没怎么赚钱，纯粹是冤大头，一定要不断转化，哪怕比较慢。也有可能企业非常赚钱，第一年就赚了两三千万、三五千万利润，但没有投资价值，这种情况也很常见。例如做项目的公司，企业的收入提升是以劳动力成本提升为代价，当企业从1亿元涨到10亿元时，利润水平基本是一样的，只是把赚的更多的钱分给了更多的员工，这种公司肯定没有投资价值。

大家可以反思一下，你们的企业是在哪一层，可以反过来思考以后要做什么，把自己做得更强壮。

（四）价值视角研判

我看To B项目的一些研判视角具体如下。

标准一，雪中送炭或锦上添花。

企业销售给客户的产品到底是雪中送炭型还是锦上添花型？别抱着“我们东西就是好”的念头，好的产品会直接反映到经营成果上。对比《我不是药神》里病人买药的那种势头，决定生死的药一定卖得好。

标准二，To B还是To B To C。

从价值链的角度，每一个商业企业存在的意义一定是帮每一个老百姓生活得更好。在我看来，当这件事不能有效地传导到C端时，价值是淤塞的。否则就是卖了一套一套的系统和设备，没有更长的生命力。

支付宝是典型的给 B 赋能再传导到 C 端，当日本几十家银行全力抵制支付宝进入日本的时候，所有的商户会和银行抗衡，因为支付宝的价值已经从 B 传导到了 C，是否用它直接影响 B 端的收入。甚至 C 还能反过来要挟 B，这是一种特别健康的状况。如果你的生意能搞定 C，再反过来按住 B 来买单，你一定很牛。

标准三，增量市场或存量转化。

这是指采购需求，例如 CRM，原来没有，这就是一个增量市场；HR 软件，原来有，现在想用更好的替代，这是存量市场转化。想做出成绩，一定先从存量转化开始，因为它减少了教育成本，也就意味着不需要“烧”很多钱去教育每一个客户，例如卖手机，根本不用教育。

标准四，开源还是节流。

做企业服务都会围绕这两点：一种是帮客户获客，扩张市场范围；另一种是供应链的优化、成本控制、人力效率提升等。哪种更优？有的大企业体量很稳定，没有新的增长点，眼光可能就往内看，做优成本控制、内部运营效率等。对于一些中型、中大型企业，大多时候诉求是往外扩张或增加收入核心。在我看来开源的事优于节流的事，至少在短期是这样。

标准五，SMB① or Enterprise。

我们经常说小 B 赋利，大 B 赋能，小 B 生存都是问题，赋什么能，能力不重要，活下去更重要。所以，往往吸引小 B 的是真金白银和收入相关的事情。大公司更希望赋能，因为它有大量的组织可以内部消化，例如自己的 IT 团队和技术力量，可以通过你把它的能力进一步优化和提升。

Enterprise 有一种玩法叫垂直向下，在大 B 某一个纵深领域，例如

① Small and Medium Business 中小企业。

你做银行客户，当你搞定银行业的四大银行后，想进入一些小银行如城商行、农商行就比较容易了。这与诺基亚早期的产品策略一样，当手机卖到几千元的时候，其实不是最赚钱的，最赚钱的是卖一二百元的最低端但覆盖客群庞大的手机，横扫第三世界国家，市场占有率非常高、利润非常高，这是一种垂直向下的打法。

这几点评估下来，如果你都是那个“较优”的模式，那就像你增加了一件衣服，5 件衣服一定比两件衣服过冬舒服得多。

（五）创业者对策

细节方面，给创业者一些对策作为建议。

第一，在经营过程中重度关注企业的现金流及盈利能力。

在没有产生净利的时候，没关系，要保持高毛利，如果我们还不是高毛利，未来可能做得越大亏得越多。现金流要未雨绸缪，做好现金流的流入流出计划，什么时间会达到现金流比较紧张的环节，要么有其他的融资渠道，要么有一些自己的自有资金能够渡过难关。

第二，调整心态，随时适配市场。

创业团队很多时候错过了好时机、融资的时机，不是融不到，是心态没有跟当时的环境匹配。例如认为自己是足够强的创业者，而且要高举高打，在很多问题上坚决不退步，必须按自己的意图走，错过这家投资机构还有其他家，但有时错过之后就真的没机会了。尤其在寒冬时候，能把现金弄到公司账户上是多么厉害和重要的事，这种时候不惜代价也要搞定这件事。

SaaS 圈其实融资能力没有 B2B 那么强，因为 B2B 好讲故事，而且不同阶段讲不同的故事。融资能力绝对是一个核心竞争力之一。道理很简单，你能不断地有外部的“输血”补充，就比别人存活得更久，当然这件事抛开了价值主张肯定没有意义。同样的赛道、同样的体量，有的人可能融 5000 万元都费劲，有的人融 5 亿元、10 亿元就很轻松，这跟创始人的背景、基因、履历、能力各方面息息相关。

第三，不要纠结估值，活下去最重要。

机构也是公司，它也需要活下去，在寒冬里不能像个败家子一样大手大脚地花钱，钱精细到分分角角。但我们依然可以从中做一些调和，双方在互相理解、互相认可的前提下，估值才有意义。

面临估值问题的时候，我的建议是先把你的价值跟资方的认同感拉到相当高的程度再去谈这件事，不要一开始就拉锯，双方都会非常痛苦，现在市场默认要打个折再往下谈。估值确实很重要，但也没有那么重要。在后面还可以有很多办法去推动设计，一个阶段一个阶段地设计，而不在于每个阶段的数字。有时候估值高就是饮鸩止渴，过了 A 轮后到了 B 轮，原来吊那么高现在下都下不来。

第四，别老盯着一线机构，二线三线通吃，找找国家队融资。

一线机构还要在金字塔尖儿精挑细选，你在资本寒冬时能拿到资金的概率就更低了，有可能能拿来，但可能要花更多的时间成本，多花几个月有可能项目都濒临死亡了。能找 IDG、红杉、经纬这些大机构背书自然好，背书不了，找一些二三线小盘基金能把盘子托起来也是权宜之计，有时专业的小基金投项目的专业程度也很高。

项目越往后，国家队接盘的能力也越强，中字头的、国字头的，小一点的例如城投、各地产业引导基金等都比较活跃，可以充分挖掘这些机会。

第五，接受多元退出通道。

这是 To B 在寒冬里的优势。现在大家一定要承认一个不争的现实，在中国本土 IPO 其实是非常难的事。做梦都想 IPO，但是从创业的群体和最后 IPO 的数量来看非常难，大片的独角兽依然走到这个通道上，即便是国家开绿色通道，还是上不了 IPO。

所以，一个原来看起来次优，现在看起来比次优更优的模式，就是 AT 退出。腾讯和阿里巴巴收购资产的能力非常强，尤其是在 To B 的领域，其实它们都基于 To B 的领域，但苦于自己没有这种基因和土壤，当它的战略版图需要某种资源的时候，就会去市场上主动寻找。看好后下手非常坚决，估值都不用谈。我们最后有可能会面临 AT 退出的方式，也不错，有可能会让企业长期发展下去。

并购退出。并购的主体有巨头，除了 AT 还有其他上市公司等。一个比较有意思的现象是，一个传统的经济领域会并购一个跟它的市场完全重合的互联网形态的公司，代表了传统经济和新经济的融合，代表整个经济健康优化的过程。原来传统经济后期会将更多好的新经济的标的收入囊中，一起做大，这对于新经济的创业项目是一种退出方式。

整合退出。如果双方各自都比较劣，还不如绑到一块变成一个相对不错的资产，打包整合之后退出。

找个好 FA。面对资本，专业的事要找专业的人来做。创业团队最好能退回经营侧专注把公司经营做好，这是个机会成本的问题。

李骅，钛资本管理合伙人，负责早中期企业融资业务；兼任企业级 SaaS 和产业互联网版块董事总经理。拥有 16 年民营中小企业、国内上市公司、全球五百强企业、创业企业等多元化工作经历。曾先后担任北大纵横管理咨询师、Oracle 公共事业行业合作伙伴营销总监、IBM 资产管理高级业务经理、IBM 咨询服务行业总监、IBM Sales Learning 高级培训师以及两次创业经历，业务横跨咨询、营销、培训和资本运营 4 个领域。

第七章

案例篇：SaaS 企业现身说法

一、

SaaS 增长不能不谈营收

陈金洲　金数据创始人

金数据其实就是 SaaS 产品，而 SaaS 产品是天生玩不来“羊毛出在猪身上，狗来买单”的奇葩理论。我们希望做一款有价值的产品，奔着为客户服务几十年的目标去的，所以当我们收费的时候，就意味着我们对客户的一份承诺和责任，帮助客户获得成功。

二战期间，美军在南太平洋的一个小岛上造了一个空军基地，当地的土著从没见过这种高科技，他们只知道有很多“大鸟”飞过天空，根本不知道这玩意是怎么工作的。他们唯一兴奋的就是飞机会空投货物，给他们送来玉米等粮食。

之后战争结束，军队离开了，这些飞机、机场也被遗弃了。土著们当然也见不到空投的货物了，他们就只能问族群里的先知。先知说那其实是祖先为了照顾我们而投下的食物，如果想让“大鸟”重新回来，就要自己造个机场，吸引他们。于是他们用木头、树叶搭了一个假机场，以及假飞机。根据文献的记载，这个机场拟真度非常高，甚至做了高塔，用木头做了耳机、对讲机等物件。那些土著做对了所有的事情，但如你所料，飞机没有来。

（引自理查德·费曼的草包族科学）

其实现在很多创业者的心态就和这位先知一样，做了很多看似正确的事情，但没有什么用处。

（一）“用户量破百万”背后的心底发凉

我们产品从上线到用户增长率达到 40% ~50%，很可观，尤其是对于表单这种 SaaS 工具产品。我们也参加过一些大赛、拿过一些奖，但这一切就像一个好学生一样，考试很厉害，数据也好看，然而并没有用。

数据很多时候只是一块遮羞布。当我真正抬头去分析各项数字的时候，我发现我们出了一个很大的问题，我们有这么多用户，这么大的 PV，然而就是不赚钱。SaaS 作为一门生意，挣钱是维护一个生意人尊严最基础的东西，连钱都赚不到，算什么成功？于是我们开始重新去看增长数字，到底是哪里出了问题？我们开始琢磨、开始追求数据，很多公司说我们应该看用户量，看 PV、UV、Session（网站访问次数）、订单数、回头客比率等。我们花了一年时间构建了一个超级复杂无比的数据体系出来，就像那个小岛上的土著一样，我们千方百计想吸引飞机飞来，但没有任何效果。

不少创业公司都走过这个弯路，在无穷无尽的数据中，一会要提升这个数字，一会要那个数字好看点，转化路径不够好、埋点不准确等，从各种数据下手。甚至有的团队在总人数只有 20 ~ 30 人的时候，就引入了“数据科学家”这个职位。这些数据到底有用吗？跟营收之间的关系到底是什么样的？你的产品达到什么规模这些数字才真正有意义？这些问题都是很难想清楚的。在当前的情况下，很多数据只是将你宝贵的研发精力埋进去了而已。

（二） 传统的生意看什么数字

如果你去问水果店老板，肯定不会问他重复购买率是多少、回头客占比多少，你只会问他今年挣了多少钱、赚了还是赔了、明年要不要继续干、打算挣多少钱。

这其中的问题就变得很奇怪，一门传统的生意对于利润的攫取是非常自然的过程，开一个水果店的目的就是赚钱，不赚钱根本没有做下去的意义。但是做软件、做 SaaS 的时候，很多人都害怕、羞于收钱，向用户收钱好像是件非常难为情的事。

就像最开始我们给产品定价的时候，我想收 100 元/月，但几乎被所有人否决了，最后我们讨论了一个月，定下来的价格是 6 元，这是个非常搞笑的数字，6 元在物价很低的西安都吃不到一碗面，拿这来对比“高薪”的软件创造者，不觉得是讽刺吗？

（三） SaaS 增长看什么数字

SaaS 行业比较幸运，它已经有一套比较科学的数据方法，决定你是否成功、是否赚钱。具体分为几个目标：留存（流失 Churn）是第一位需要考虑的。流失低于 5% 的产品如 Slack，如同黑暗中耀眼的明星，可惜目前中国还没有。超过 80% 的留存应该是及格线。MRR/ARR（Monthly Recurring Revenue/Annual Recurring Revenue 月循环营收/年循环营收）是第二位的。而获客成本（CAC，Cost to AcquireCustomer）则是第三位要考虑的，最后就是客户终生价值 LTV（Life Time Value）。例如用户一年付费 120 元，MRR 就是 10 元，如果流失率是 50%，用户在你这里的终身价值就是 10/50% =20 元。

回到产品，我们在 2015 年下半年，月新增用户出现大幅下滑，2016 年的数字更是掉到了令人沮丧的地步，如果这是给投资人看的数字，投资人肯定会崩溃的，这款产品要不要做下去都是问题。

但看看 MAU（月活跃用户）数字就会发现，在新增用户数不断下降的时候，我们的活跃用户并没有下滑，反而有所上升，并且一直保持在这个水平。换句话说，看起来我们获取新用户的能力大幅下降了，但我们保持用户活跃的能力越来越强了。

（四） 专注付费用户，严肃的产品需要严肃的用户

我们做了什么呢？

其实答案很简单，我们开始专注付费用户了。我们减少了免费用户能够享受的特权，提升了付费用户的权益，并且提交了注册的门槛，让恶意用户越来越少。到现在为止，我们每天有上千的新用户量，比起前几年动辄好几万的用户量的确少了很多，但用户质量已经远远高于那个时候。

对于 SaaS 的创业者、企业而言，专注付费用户有很多好处。SaaS 天生是面向企业的，企业在购买的时候，一定是个理性决策，冲动消费在企业中是非常少的。

我们产品的早期用户中，不少用户因为一时装修需要统计、聚会需

要统计的场景需求，一冲动就买了，但一个正常的家庭有多少时间去组织聚会？有多少次家装的需求呢？所以，这些用户买了之后很难产生持续的效果。一个有意思的现象是，付费用户的忠诚度更高，对功能的抱怨更少。购买前的用户中，很多人都会问有没有这个功能，有没有那个功能，但真正付费的用户，关心的是你是不是稳定，后天活动你的系统千万别出问题等，这之中的差异是不一样的。

（五） Michael's SaaS 第一公式

接下来我要推出一个公式，这个公式之前没见到过，所以我用自己的英文名把他命名为“Michael's SaaS Formula#1”米高第一公式。

R = f（Y，X）

Y 代表你的用户做生意的营收或者成本；

X 代表你的产品在生意中的占比；

f 代表你怎么赚钱，按百分比抽成还是收固定的费用；

R 就是你赚到的钱。

如果你的产品在用户的经营活动中占比为 0，不论用户的生意怎么样，都和你没有关系。这也是很多 OA、审批软件在钉钉出来之后就迅速消失了的原因，因为这件事本来就在用户的活动中占比很小。你需要关注用户现金流的动向，因为商业最基本的事就是钱的出入，关注用户的现金流走向是最容易的事。一个产品在用户活动经营中的占比越高，它的议价能力就越强。我见到过很多 SaaS 创业者都忽略了 Y 属性，根本看不清用户经营活动中现金的流向，这是非常可惜的事。

（六） R = f（Y，X）的案例实践

怎么去用 R = f（Y，X）的公式呢？下面是针对品牌主和 HR 的两

个例子。

对于品牌主而言，在这个时代最大的挑战在于粉丝画像模糊，有数量没质量。尤其体现在做活动的时候，这一次活动他用了这个会议平台或者报名系统，下次另一场活动又去用了另一个 H5 工具，到了线下又换了一种形式，活动做完之后信息就丢了，根本没有发现其中的价值。但在金数据企业版中，只要一直使用同一个平台做活动的报名、签到，信息就会一直沉淀在企业的数据库内，累积得越多，粉丝画像就越清晰。在这个公式中，Y 表示粉丝画像对品牌主的价值，这个需要评估，但我相信 Top500 的品牌主都认为它很重要，X 表示粉丝的信息收集是完全在金数据上进行的，这个价值就完全由我们产生，f 选择按量收费，最后就可以得到 R 就是我们的收费，这就是一个产品在品牌主经营活动中的收费。

另一个例子就是 HR，HR 在所有公司几乎都是 IT 系统的重灾区，他们往往在公司里没有话语权，当工具不好用时，他们多半都选择加班解决这个问题。包括像在产品能力极强的某互联网公司，第一年做招聘时，公司为他们开发了一套系统，但是第二年招聘的战场转移到微信上，原来的系统没人去做适配。之后他们使用了金数据来做校招，很快就完成了。一个 HR，花了大概半个小时就把所有事情做完了，根本不用去找 IT 部门，自己做个表单找人发出去就完事了，非常轻松。

以往做招聘，至少需要招一个全职的 HR 来做这件事，选择金数据，至少能帮你节约半个人，如果你用得好甚至可以不需要一个全职职位。以一个 HR 一年至少五六万元的工资来算，金数据一年就可以帮你省下 3 万元，公式中的 f 选 50%，一年收费 15000 元都是说得过去的，这就是衡量一个 SaaS 软件收费的方式。

（七） SaaS 增长就是营收的增长

在当下中国的 SaaS 环境中，所谓的增长，就是营收的增长，谈用户量多少、转化路径多高、覆盖率多么快都是无意义的行为。SaaS 从业者们要沉下心来，不做无意义的增长，真正专注付费用户，当他付费之后就会变得更加严肃，会更深层次地思考你的产品是如何帮助企业降低成本或者增加营收的。当我们敢于收费、敢于收很多钱的时候，意味着我们对客户有了一份承诺、一份责任，意味着我能够用软件去帮助你挣更多钱或者省更多钱。如果你做不到这一点，那么很有可能是有些地方没想清楚，最有可能没想清楚的地方就在于你离客户太远了，根本看不清楚客户的经营活动跟你的产品之间有多大的关联。SaaS 天生是玩不来“羊毛出在猪身上，狗来买单”这样的理论的。不可能拿用户信息来做生意，虽然刚开始可能会用投资人的钱来养活，但时间不会太长，SaaS 要比 To C 产品早得多地开始考虑盈利模式。当你真正开始考虑如何定价、如何用产品本身养活自己的时候，才是你的 SaaS 之路真正走上正轨的时候。

陈金洲，金数据创始人，AdMaster 副总裁，资深 IT 咨询师、架构师。擅长技术应用、产品管理，曾任 ThoughtWorks 产品总监、首席咨询师。目前专注于企业 SaaS 应用研发和运营方向。

二、

用户运营、数据分析，To B 企业的精细化运营到底要怎么做

桑文锋　神策数据创始人兼 CEO

很多人说接下来是精细化运营驱动的时代。对于 To B 产品来说，精细化运营主要指的是什么?

如果用一款营销自动化工具完成基础的数据分析，各渠道的销售线索都可以更直接地给销售人员，这不是更符合企业需求吗？像神策数据这样的工具，价值主要体现在哪里?

对于这个问题，我从两方面来回答：一方面我们到底应该怎么理解精细化运营，并且做好精细化运营？另一方面神策数据是典型的 To B 企业，可以谈谈我们是怎么做精细化运营的，也就是 To B 公司的精细化运营都做什么?

（一） 怎样理解精细化运营

所谓精细化运营，其实是结合了市场、渠道、转化流程和用户行为数据分析，对用户开展更精准、更有针对性的运营活动，以提升目标转化率。从某种角度来说，精细化运营可称作数据化运营，要细致而深入地拆分各个环节的运营数据，做好用户行为分析。精细化运营的概念其实好理解，但问题是，如何做好精细化运营？这里有两个核心：用户运营和数据分析。这也是我接下来要分享的主要内容。

从数据角度上看，用户运营是通过一系列的运营手段，持续提升用户相关的数据。

因此，如何联合用户分群和数据分析更好地进行用户运营非常重要，这也是精细化运营一个很重要的点。神策数据是做用户行为分析的，我在这里可以详细分享一些真实的用户案例，让大家更容易理解到底怎么做好精细化运营。

当然，接下来的内容绝对适用于大多数用户类产品。对于用户运营和数据分析而言，首要问题就是怎样做好用户分群，用户分群主要可以从两个方面实施：纵向用户分层和横向用户分群。

1. 纵向用户分层

从经典的用户增长模型 AARRR① 看用户运营体系，从用户获取、活跃到付费、留存、传播分享，用户是需要动态演进的。我们以一个真实的电商客户 H 举例，他们的用户进入产品后，会经历从注册、使用产品、购买、付费到最后流失一系列过程，这个过程用户会拥有不

---

① Acquisition，Activation，Retention，Revenue，Refer 的缩写，分别指获取用户，提高活跃度，提高留存率，获取收入，自传播。

同的状态。如果通过用户的状态看用户群体，他们不再是一个简单的整体。所以，我们需要通过用户层级的划分和相对应的策略方法，去引导各个环节的用户完成理想的下一步动作，来实现用户的精细化运营。对于不同环节的用户，H 公司都会有不同的目的，如图 7－1 所示。

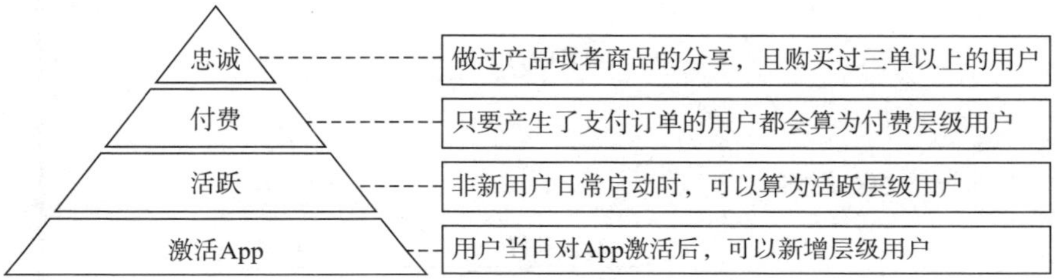

图 7－1　电商客户 H 用户分层

新用户：希望他们可以深入体验产品，成为活跃用户。

活跃用户：加深产品的使用频率，最好可以促成转化。

付费用户：增加复购次数，提高忠诚度。

忠诚用户：做好忠诚用户维护。

2. 横向用户分群

用户分层是上下结构，可是用户群体并不能以分层结构作为完全的概括。

简单想一下，我们以用户是否付费划出了付费用户层级，可是这部分群体也是有差异的，有的用户一掷千金，有的用户只买单价较低的商品、消费较低，有的用户偏爱购买衣服，有的用户偏爱箱包。

为了满足更加精细化的需要，我们需要使用水平结构的用户分群，将同一个层级内的群体继续切分，切分的大概思路和规则基于但不限于图 7－2 所示。

对于不同层级用户，我们举例说明：

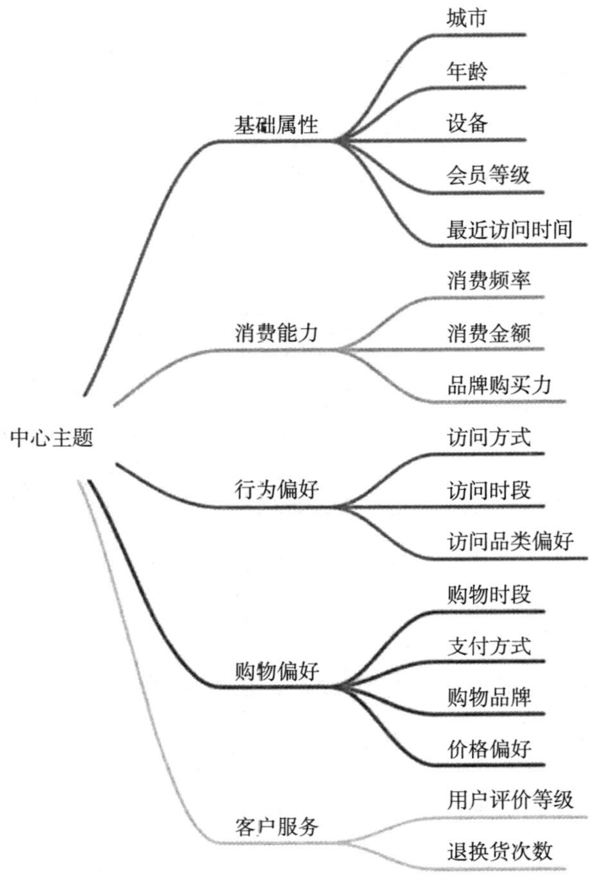

图 7-2　横向用户分群

（1）新用户层级。

前面提到的电商客户 H，对新用户的定义为当天注册的用户（产品必须先注册才能体验）。这个层级的用户主要根据自身的基础属性进行划分。

首先，H 公司对不同渠道来源用户做分组下钻，了解各个不同渠道的注册用户数，每一个渠道的注册用户会被划分成一个不同的群体。

H 公司对重要渠道的客户群体会进行不同的消息推送和优惠活动，促使用户提升活跃度，渠道提升质量，做到对不同渠道的客户使用更适合他们的服务方法。

其次，用户在注册 H 产品时，是需要填写年龄和性别的，因为在电商产品中，男女性别的差异会在消费类型里呈现显著的区别。

所以，H 客户会对年龄和性别进行用户群体的划分，对不同的注册用户推送他可能喜欢的商品来吸引其变成活跃用户。

在实际运营过程中，H 公司的运营人员对 28 ~ 32 岁的男用户进行用户分群，并根据自身产品业务的细分领域，向该人群推送相关品类的商品。

（2）活跃用户层级。

客户对活跃用户的定义是每日启动过产品的用户，但不包括当天注册的用户。

活跃用户的用户层级，可以根据用户在产品中的行为特征进行群组的划分。

这些特征包括但不限于用户的使用偏好（如时长、深度、时段）、页面类型浏览（如不同商品的页面）、重点业务行为（如加入购物车、分享）。对于用户使用偏好，又有两个分群场景：

一是根据用户近期浏览不同商品页面的数据划分用户群体。

我们对用户查看“商品详情页”这个行为进行商品品类的维度下钻，推测用户近期感兴趣的品类都有哪些，且 H 公司需要限制用户到达“商品详情页”的前向来源是必须通过 banner、推荐、商品列表或者搜索，因为这些地方的点击是可以体现出用户对商品有一定的兴趣的。

现在我们把活跃用户层级上的目标人群进行更精细化的切分，找到我们需要的目标人群，下面要做的是如何更好地进行推送。

在这里，比较有效的方式是研究用户使用 App 的行为数据曲线，了解用户使用 App 的使用习惯集中在哪些时间段。

有了对用户使用习惯的了解之后，就可以针对这一类人群，在他们相对活跃的时间段，专门做一些优惠的礼券和相关的商品信息的推送。

这样精确触达用户需求和心理的做法，会让他们对商品产生亲和感，并继续使用商品，高力度的目标优惠也会促进用户付费的转化。

这是 H 公司给我推送真实的消息，我的浏览行为和前面描述的一样，开始我只是打开 App 随意浏览一下，几天后我又详细地浏览了手表，如图 7－3 的推送内容。

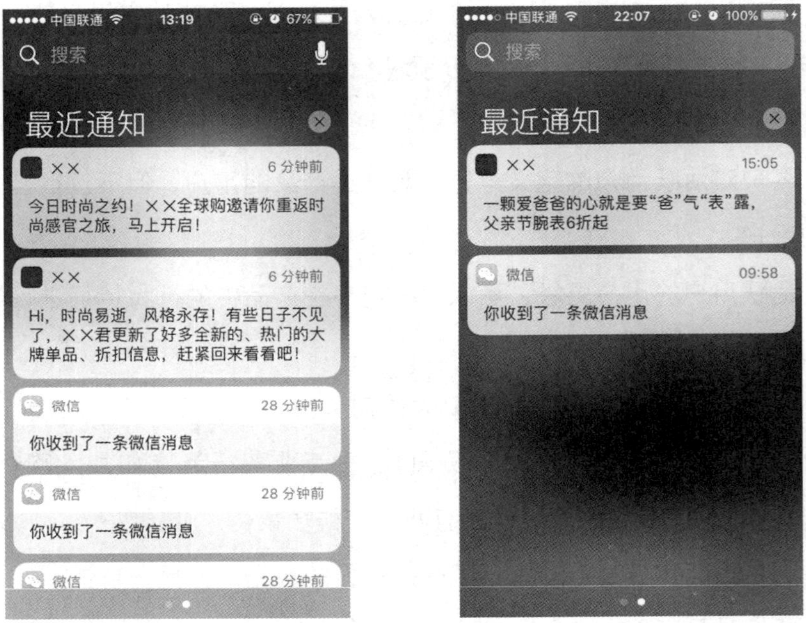

图 7－3　推送内容

左边图片是对我启用召回的推送信息，右边图片是对我浏览过手表后的推送信息。

二是根据重点业务行为进行分群。如对在微博、微信、朋友圈中分享了自己的产品或者服务的用户进行分群。

这部分用户被 H 公司称之为网络活跃者，并把进行过相关行为的用户信息进行数据汇总，对这群人采取区别于其他用户的邮件文案方式进行营销活动，使用更有吸引力的促销力度。

优惠的力度可以根据用户其他属性再进行细分，如年龄、职业、分享方式，不过这需要更加详细的用户行为数据及其属性。

（3）付费用户层级。

历史中只要进行过完成订单支付的用户都会被算为付费用户。

付费用户其实是根据用户的付费能力和购物偏好进行群组的水平划分。

在用户的消费能力中，H 客户主要对消费间隔（Recency）、消费频率（Frequency）、消费金额（Monetary）进行群组的划分；在购物偏好中，主要对用户购买的品牌、支付方式、购买时段等进行群组划分。

如果对消费能力中消费金额这个维度进行划分，可以划分出以下群组：

- 过去 30 天中，总的消费金额在 200 元以内为轻度消费用户。
- 过去 30 天中，总的消费金额在 200 ~ 1000 元为普通消费用户。
- 过去 30 天中，总的消费金额在 2000 元以上为重度消费用户。

如果对这些用户在消费频率和最近消费时间长度两种维度上交叉分析，就可以得到更详细的用户群体。H 公司即按照 RFM 这三种指标对付费用户层级构建出一个我们很熟悉的数据立方体，把该层级用户分成几种不同的群体，不同的群体有不同的特征，更有不同的运营策略。如图 7 – 4 所示。

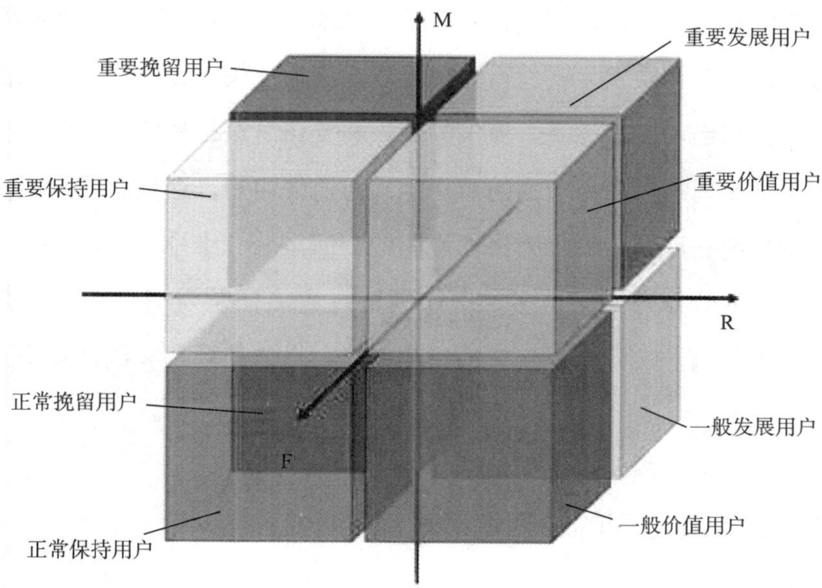

图 7 – 4 付费用户层级数据立方体

- 高消费、高频率、间隔短人群：用户从各个方面都是属于最优质的付费用户，需要保持。
- 高消费、低频率、间隔短人群：这类用户需要促进他们消费的次数，不要成为一次性用户，需要重要挽留。
- 高消费、高频率、间隔长人群：虽然近期无购买行为，但从消费频率和消费额度看属于重要价值用户。
- 高消费、低频率、间隔长人群：用户是大额买家，需要重点发展，增强该用户的群体黏性。

在购物偏好这个维度中，H 公司一方面对付费群体购买的商品品类进行查看，知晓用户偏好的商品的类型和品牌；另一方面了解用户的下单时间、支付方式等。

在以后的运营中，不管是品牌的大型促销还是个别品类商品的活动，都可以根据行为数据得到的用户隐形特征对用户进行个性的支持。

（4）流失用户。

流失是一个很泛的定义，用户 7 天或者 30 天没有触及产品都可以算流失，没有再次发生支付行为也可以定义为流失，因此在不同的商业模式和公司当前的状态下，流失的定义需要自身进行确定。首先，H 公司将连续 8 周没有使用产品的用户定义为流失用户，这批层级的用户需要根据之前在产品中的行为采取不同的召回策略和维系方式。

这里的分群方式有很多，例如浏览过商品但是没有下单的用户群体、只支付过一次订单就流失的用户群体，具体的场景和数据就不一一列举了。

（二）To B 公司的精细化运营都做什么

对于 To B 公司来说，从神策数据的角度讲，精细化运营一般会应用在两个地方：一个是用户分群；另一个是数据化运营。

1. 用户分群

先说用户分群，其实就是对人群做差异化细分，然后制定不同的运营策略。可以举几个老用户群组中的例子：对神策功能使用不熟悉的客户，对他们的运营重点是功能如何使用和背后数据计算逻辑；对神策功能有一定的了解，但不知道如何满足业务的客户，对他们的运营重点是告诉他们如何使用功能间的结合去满足业务分析需求；对神策功能使用和需求如何满足都比较了解的用户，运营的重点是后期的咨询和其他增值项目，帮助他们的业务更上一层楼。

其实，可以把老用户群体简单地分成三个部分，而每一个部分都会有专门的活动或者资料让相关同事进行用户运营，而且还会有不同的部门进行密切的相关配合。

像这样针对性地满足用户需求的做法，其实就是对定向人群的定向运营，即精细化的用户运营。当然，对于用户群体该如何划分其中一个重要的依据是数据，后面会详细说到。

不过，“精细”也是有限度的，不要超过团队的承受能力。记住，人群有显著的差异化，用户运营才会有差异化。

2. 数据化运营

其实这里的数据化运营，我们更多的是指自己内部的流程优化。不管是 To B 公司还是 To C 公司，自己内部流程的每一环节的优化都可能会影响到客户的满意度或商品的成交率。

对于神策来说，我们把客户满意度作为一个关键指标，对这个指标、这个问题进行拆分，拆分出来的小问题其实就是各个部门的工作内容。

所以，关键点就在于建立一个数据指标体系，去衡量大问题、大指标下的各个影响因素，这样才可以找到努力的方向和优化点，优化程度甚至可以到组织架构的调整，因为没有衡量就没有改进。

还是举两个例子：

神策举办沙龙、闭门会等活动，都会有相关的指标来判断这次活动的结果如何，该如何进行优化（这样的线下活动，除了数据外，定性分析和问卷调查都是判断依据）。神策进行客户培训机制的改变，从一次上门就把所有内容告知的形式变成两次上门，内容分开交付的机制。其实，在机制改变前，我们就想好了该用什么数据、指标进行衡量。

最后，不管是 To B 还是 To C 公司，上面说的内容都是适用的。

内容中数据是精细化运营必不可少的条件，而神策类的公司在里面起到的作用是对数据做更准确、更简单的采集，提供通用的分析模型，帮助客户计算数据并展示，可以极大提高企业的效率，减少企业成本。

桑文锋，神策数据创始人兼 CEO，《数据驱动：从方法到实践》一书的作者。11 年大数据行业生涯，在百度任职 8 年，从无到有构建了百度用户日志大数据平台。2015 年 4 月离职创建神策数据，针对企业级用户推出用户行为分析产品神策分析，帮助企业实现数据驱动。桑文锋具有企业级服务领域丰富的理论和实战经验，多次受邀为营销、运营、产品等高层管理人员培训，并担任多家企业的特邀导师等。

三、

从宜家的成功看 SaaS 产品通关的七种武器

吴冬梅　云诣网络创始人

1843 年，宜家家居创建于瑞典，在此后的 70 多年间，宜家在全球 50 多个国家设立了 300 多家连锁商店，年销售收入超过 100 亿欧元，成为全球最大的家居用品零售商。

与上一代家具制造商不同，宜家最突出的产品定位是“可以灵活组装的家具”，通过彻底改变产品的设计思路及生产流程，贩卖具备高度适应力的家具，在大幅降低物流及服务成本的同时，满足了不同地区和居住环境的消费需要，并且因亲民的价格和人性服务，使得节约美学成为一种时尚。

过去若干年，SaaS 产品在国内市场方兴未艾，逐步遍及 OA、CRM、HR 等多个领域，同时也在和用户的亲密接触中经历了多维的考验。

从产品的角度看，SaaS 管理软件的核心，是构建高度可配置的产品并保持良好的客户体验。

其中的挑战和乐趣与设计生产宜家家居非常类似。尽管交付的还是家居，但从设计、售卖到交付的理念都有了巨大的变化。

（一） 抽象模型：穿透多种场景的一致架构

正如宜家衣柜的灵活设计需要更加强大的设计能力，与 SaaS 产品的高度可配置属性相伴的，是迅速提升的设计复杂度和技术难度。

业务的具象表征好像万花筒旋转形成的无数片段，而抽象结构则如筒内的彩色碎片和棱镜结构，两者在表象上的差异是巨大的，前者可以千变万化，而后者则需要体现“大道至简”的质朴和纯粹。

从具象展现到抽象结构的转换，需要对业务对象和内在关联具备深刻的洞察力，并由此形成穿透多种可变场景的、一致的产品架构。

在形成了主导产品架构之后，还需要良好的平台技术实现它。相对于传统软件产品，可配置产品要求技术与产品之间具备更高的默契度，并需要团队带着前瞻的思想，在产品和技术架构上持续投入。

这样的产品，在早期的发展道路往往十分艰难，但后期则能做到随需应变、厚积薄发。事业窗在早期投入了大量的技术力量实现了元数据、时间轴、工作流、权限及报表的架构建设，并从初期就完全用可配置的方式服务中大型企业。

我们所服务的绝大多数客户能够实现高度的管理运营自动化，并跟随企业的制度变化快速响应，最主要的原因就是在这个方面的充分积累。纵观中美能够长远发展的 SaaS 产品，无一不是走出了一条先慢后快的发展道路。

（二） 场景还原：在通用性之上实现具象场景

对业务原型的抽象实现，可以大大增强通用性，同时也可能降低用户理解产品的容易程度。很多复杂的 SaaS 产品不能获得客户的青睐，往往是因为技术思维在产品设计中占据了上峰，牺牲了用户体验。

人性决定了易于理解的表达是直接的而非间接的、是场景化而非概念化的，将抽象的架构转换为场景化的用户体验，是可配置产品需要应对的重要挑战。

从通用性到场景化，需要在遵循底层通用架构的基础上，在中间层形成场景化的产品功能展现，并结合场景在操作流畅性和数据管理层面做好衔接。

SaaS 产品与传统产品的另一个不同之处，是对于“核心”和“外沿”的界定标准有所不同。

例如一些界面交互的修改，在传统的二次开发模式里很容易实现，并被认为是不影响内核的，而在 SaaS 产品中，则因为触及整体体验设计和通用架构，需要考虑更多的常见场景。

反之，一些工作流、权限及业务逻辑的修改，在传统软件往往需要动用二次开发而产生时间和财务的消耗，而在架构灵活的可配置软件中，则像调整宜家衣柜的内部空间一样，成为举手之劳。

在产品的发展过程中，保持对一致架构和场景化展现的双向关注，才能使用户体验在灵活多变中不失亲切感，成为“无须用户思考”的设计典范。

（三）双向引导：设计自底向上的构建路径和自顶向下的体验路径

面向中大型企业的管理工具，往往需要多层配置，从字段权限一类的平台级设置到报表分析一类的应用级设置，在把充分的自由交给用户的同时，也容易落入“玩不动”的陷阱。

一个有趣的现象是，尽管安装衣柜的顺序是自底向下、从板材和螺丝钉开始的，使用排除故障的顺序却往往是自顶向下、从开门关抽屉开始的。

很多产品会以自底向上的方式引导用户设置系统，而忽略了用户使用的习惯是从具象化的功能开始，非常需要从五楼到一楼的配置引导和排错机制。

双向引导的设计思维，需要贯穿于可配置产品的每个角落。能否以充分的换位思考能力，给予用户精准体贴的入口和提示设置，是保持用户体验在架构级和功能级之间流畅穿梭的关键。

（四）表达艺术：突破复杂场景的表达困境

我们的客户时有感慨：“你们的软件初看很简单，使用起来才觉得功能很丰富。”“让用户仅看到他需要看到的信息”，是我们坚持的原则。

宜家家居的安装说明都很简单，且大多以漫画风格呈现出来。很多产品负责人非常关注语言的表达，然而从心理学的角度看，语言往往是表达中影响力最弱的因素。

哪些要素比较关键呢？

第一，业务原型。如果产品表达脱离了业务原型，在起点就失去了和用户共同的语境，沟通瓶颈天然而成。

第二，逻辑。其中包含了业务处理的逻辑，以及人类阅读理解的惯常顺序。除了最初的最小可行产品，在产品日渐丰富的发展过程中，也需要不断梳理和优化、保持一致和干练的逻辑结构，才能避免臃肿和凌乱。

第三，视觉元素。人类是懒惰的，更容易受到不需要思考的内容影响，色彩和布局带给人们的心理暗示远远超过文字的力量。视觉和交互设计需要格外重视业务场景的代入，才能将视觉元素的作用发挥到极致。

第四，一定是最后才是语言。关于语言的设计，最重要的莫过于“精简”和“一致”，能少则少、能省则省。事业窗的关键字原则是不超过 4 个字，界面上几乎看不到自然语言的句子，甚至屏宽也有严格的限制。苛刻的要求迫使产品经理在文字的使用上高度节制，从而大大地减少了用户的阅读负担。

（五） 界面内涵：场景化的视觉和交互设计

与消费端的产品设计不同，管理软件的视觉和交互设计往往更加困难，可配置产品尤其是挑战，因为所有的界面设计都需要具备“讲述场景”的能力，必须是业务场景和美感设计的深入结合。

为了达到这个目的，具备界面设计能力的产品经理必须不断学习、了解多种业务场景和抽象的产品架构，并灵活运用设计要素完成从抽象到具象的转换。

这个过程，往往比堆砌华美或酷炫的页面要困难得多，会需要产品经理兼具超强的逻辑能力和审美能力。

深谙业务内涵的界面设计是理性和感性的完美结合，在低调和一致的设计中传递简洁之美，这样的管理工具对于使用者和设计者都是一种享受。

（六）保持开放：界定核心和外沿的弹性边界

数据连通，是未来管理产品最重要的主题。当 SaaS 产品越来越能够自成一体，就需要避免成为信息孤岛。怎样平衡产品的独立性，并保持开放的架构，对互联网产品的挑战尤其突出。

作为“连接业务的人力资源赋能平台”，事业窗在专注完成人力资源闭环管理赋能的同时，也注重保持业务数据的连接。

我们的策略是保持两级解决方案：

一是在业务层面提供轻便灵活的插件，便于用户采集和统计售前及售后业务数据，同时通过这些插件保留了和复杂业务系统对接的通道。

二是弹性的边界可以给予不同规模的客户较大的选择空间，同时也为快速有效地扩大外延、延伸价值链做好铺垫。

（七）营销策划：注入营销策略的产品规划

“软件即服务”是 SaaS 产品的核心理念。持续服务往往以持续营销和奉献价值为目的，而落地于营销及服务一体的产品设计理念。

事业窗的产品设计嵌入了不少细节，便于用户逐级深入地体验价值，并产生继续购买的愿望，而不必在一开始设置一个极高的采购门槛。

例如在数据层的贯穿和铺垫，每个版块在设计时就充分考虑了数据的反复使用和关联性分析，这些管理模型会在用户逐步深入使用产品的过程中，不断产生并实现复用数据和支持决策的愿望，从而扩展合作的广度和深度。

在过去的几年中，事业窗的绝大部分企业客户都提出了向上销售的诉求。这些过程中，少有非刚性服务的营销投入，主要的驱动因素是产品设计及服务带来的双赢纽带。

如果我们想起从 20 世纪六七十年代的“五斗柜”，到八九十年代的“组合柜”，再到宜家，就会发现，人类在产品的标准化和个性化之间，始终在寻找一个有趣的平衡。

优秀的可配置产品承载了典型用户群体的最佳实践，并将无须用户理解的复杂度巧妙地包装起来，以更灵活和性价比更高的方式服务日益追求个性的客户。

在从生活服务到企业管理的广阔领域中，这种理念和实践，势必得到越来越多的欢迎和支持。

吴冬梅，上海云谐网络科技有限公司创始人，目前任该公司 CEO，前 SuccessFactors 中国区核心产品负责人，SaaS HR 领域专家，2013 年面向大中型企业创立人力资源管理产品事业窗，提供连接业务的人力资源信息化解决方案，曾连续 15 年在中外知名 IT 及互联网产品公司担任产品及研发管理工作，过去 7 年为大中型企业的薪酬、绩效、人才发展提供咨询服务，推动新一代管理信息化建设。

推荐作者得新书！

博瑞森征稿启事

亲爱的读者朋友：

感谢您选择了博瑞森图书！希望您手中的这本书能给您带来实实在在的帮助！

博瑞森一直致力于发掘好作者、好内容，希望能把您最需要的思想、方法，一字一句地交到您手中，成为管理知识与管理实践的桥梁。

但是我们也知道，有很多深入企业一线、经验丰富、乐于分享的优秀专家，或者忙于实战没时间，或者缺少专业的写作指导和便捷的出版途径，只能茫然以待……

还有很多在竞争大潮中坚守的企业，有着异常宝贵的实践经验和独特的洞察，但缺少专业的记录和整理者，无法让企业的经验和故事被更多的人了解、学习……

对读者而言，这些都太遗憾了！

博瑞森非常希望能将这些埋藏的"宝藏"发掘出来，贡献给广大读者，让更多的人从中受益。

所以，我们真心地邀请您，我们的老读者，帮我们搜寻：

推荐作者

可以是您自己或您的朋友，只要对本土管理有实践、有思考；可以是您通过网络、杂志、书籍或其他途径了解的某位专家，不管名气大小，只要他的思想和方法曾让您深受启发。

可以是管理类作品，也可以超出管理，各类优秀的社科作品或学术作品。

推荐企业

可以是您自己所在的企业，或者是您熟悉的某家企业，其创业过程、运营经历、产品研发、机制创新，等等。无论企业大小，只要乐于分享、有值得借鉴书写之处。

总之，好内容就是一切！

博瑞森绝非"自费出书"，出版费用完全由我们承担。您推荐的作者或企业案例一经采用，我们会立刻向您赠送书币 1000 元，可直接换取任何博瑞森图书的纸书或电子书。

感谢您对本土管理原创、博瑞森图书的支持！

推荐投稿邮箱：bookgood@126.com　　推荐手机：13611149991

1120 本土管理实践与创新论坛

这是由100多位本土管理专家联合创立的企业管理实践学术交流组织，旨在孵化本土管理思想、促进企业管理实践、加强专家间交流与协作。

论坛每年集中力量办好两件大事：第一，“**出一本书**”，汇聚一年的思考和实践，把最原创、最前沿、最实战的内容集结成册，贡献给读者；第二，“**办一次会**”，每年11月20日本土管理专家们汇聚一堂，碰撞思想、研讨案例、交流切磋、回馈社会。

论坛理事名单（以年龄为序，以示传承之意）

首届常务理事：

彭志雄　曾　伟　施　炜　杨　涛　张学军　郭　晓　程绍珊　胡八一
王祥伍　李志华　陈立云　杨永华

理　　事：

张再林　卢根鑫　刘文瑞　王铁仁　周荣辉　罗　珉　房西苑　曾令同
黄民兴　陆和平　孟广桥　宋杼宸　张国祥　刘承元　叶兴平　曹子祥
宋新宇　吴越舟　吴　坚　杜建君　戴欣明　仲昭川　刘春雄　刘祖轲
张茂泽　段继东　陈立胜　梁　涛　何　慕　秦国伟　贺兵一　罗海容
张小虎　陈忠建　郭　剑　余晓雷　黄中强　朱玉童　沈　坤　阎立忠
张　进　丁兴良　朱仁健　薛宝峰　史贤龙　卢　强　史幼波　黄剑黎
叶敦明　王　涛　李文才　王　强　张远凤　陈　明　廖信琳　岑立聪
方　刚　何足奇　周　俊　杨　奕　孙行健　孙嘉晖　张东利　郭富才
叶　宁　何　屹　沈　奎　王明胤　王　超　马宝琳　谭长春　杨竣雄
夏惊鸣　张　博　段传敏　李洪道　胡浪球　孙　波　唐江华　程　翔
翟玉忠　刘红明　杨鸿贵　伯建新　高可为　李　蓓　王春强　孔祥云
戴　勇　贾同领　罗宏文　张兵武　史立臣　李政权　余　盛　陈小龙
尚　锋　邢　雷　余伟辉　李小勇　苗庆显　孙　巍　陈继展　全怀周
林延君　王清华　初勇钢　陈　锐　高继中　聂志新　黄　屹　沈　拓
徐伟泽　潦　寒　谭洪华　崔自三　王玉荣　蒋　军　侯军伟　黄润霖
朱伟杰　金国华　吴　之　葛新红　周　剑　崔海鹏　李治江　陈海超
柏　龑　唐道明　刘书生　朱志明　曲宗恺　杜　忠　黄渊明　王献永
范月明　吕　林　刘文新　赵晓萌　张　伟　韩　旭　韩友诚　熊亚柱
秦海林　孙彩军　刘　雷　贺小林　王庆云　黄　娜　俞士耀　田　军
丁　昀　张小峰　黄　磊　罗晓慧　赵海永　伏泓霖　任彭枞　梁小平
鄢圣安　马方旭　乐　涛　杨晓燕　欧阳莉华　陈　慧　张　璐

企业案例·老板传记

	书名．作者	内容/特色	读者价值
企业案例·老板传记	**你不知道的加多宝：原市场部高管讲述** 曲宗恺　牛玮娜　著	前加多宝高管解读加多宝	全景式解读，原汁原味
	借力咨询：德邦成长背后的秘密 官同良　王祥伍　著	讲述德邦是如何借助咨询公司的力量进行自身与发展的	来自德邦内部的第一线资料，真实、珍贵，令人受益匪浅
	娃哈哈区域标杆：豫北市场营销实录 罗宏文　赵晓萌　等著	本书从区域的角度来写娃哈哈河南分公司豫北市场是怎么进行区域市场营销，成为娃哈哈全国第一大市场、全国增量第一高市场的一些操作方法	参考性、指导性，一线真实资料
	六个核桃凭什么：从0过100亿 张学军　著	首部全面揭秘养元六个核桃裂变式成长的巨著	学习优秀企业的成长路径，了解其背后的理论体系
	像六个核桃一样：打造畅销品的36个简明法则 王　超　范　萍　著	本书分上下两篇：包括“六个核桃”的营销战略历程和36条畅销法则	知名企业的战略历程极具参考价值，36条法则提供操作方法
	解决方案营销实战案例 刘祖轲　著	用10个真案例讲明白什么是工业品的解决方案式营销，实战、实用	有干货、真正操作过的才能写得出来
	招招见销量的营销常识 刘文新　著	如何让每一个营销动作都直指销量	适合中小企业，看了就能用
	我们的营销真案例 联纵智达研究院　著	五芳斋粽子从区域到全国/诺贝尔瓷砖门店销量提升/利豪家具出口转内销/汤臣倍健的营销模式	选择的案例都很有代表性，实在、实操！
	中国营销战实录：令人拍案叫绝的营销真案例 联纵智达　著	51个案例，42家企业，38万字，18年，累计2000余人次参与……	最真实的营销案例，全是一线记录，开阔眼界
	双剑破局：沈坤营销策划案例集 沈　坤　著	双剑公司多年来的精选案例解析集，阐述了项目策划中每一个营销策略的诞生过程，策划角度和方法	一线真实案例，与众不同的策划角度令人拍案叫绝、受益匪浅
	宗：一位制造业企业家的思考 杨　涛　著	1993年创业，引领企业平稳发展20多年，分享独到的心得体会	难得的一本老板分享经验的书
	简单思考：AMT咨询创始人自述 孔祥云　著	著名咨询公司（AMT）的CEO创业历程中点点滴滴的经验与思考	每一位咨询人，每一位创业者和管理经营者，都值得一读
	边干边学做老板 黄中强　著	创业20多年的老板，有经验、能写、又愿意分享，这样的书很少	处处共鸣，帮助中小企业老板少走弯路
	三四线城市超市如何快速成长：解密甘雨亭 IBMG国际商业管理集团　著	国内外标杆企业的经验＋本土实践量化数据＋操作步骤、方法	通俗易懂，行业经验丰富，宝贵的行业量化数据，关键思路和步骤
	中国首家未来超市：解密安徽乐城 IBMG国际商业管理集团　著	本书深入挖掘了安徽乐城超市的试验案例，为零售企业未来的发展提供了一条可借鉴之路	通俗易懂，行业经验丰富，宝贵的行业量化数据，关键思路和步骤

互联网＋

	书名．作者	内容/特色	读者价值
互联网＋	**新营销** 刘春雄　著	新营销的新框架体系是场景是产品逻辑，IP是品牌逻辑，社群是连接逻辑，传播是营销逻辑	助力品牌商实现由传统营销到新营销的理念和行动的跨越，助力企业打赢升级转型之仗
	企业微信营销全指导 孙　巍　著	专门给企业看到的微信营销书，手把手教企业从小白到微信营销专家	企业想学微信营销现在还不晚，两眼一抹黑也不怕，有这本书就够

续表

互联网+	**企业网络营销这样做才对:B2B大宗B2C** 张　进　著	简单直白拿来就用,各种窍门信手拈来,企业网络营销不麻烦也不用再头疼,一般人不告诉他	B2B、大宗B2C企业有福了,看了就能学会网络营销
	互联网时代的银行转型 韩友诚　著	以大量案例形式为读者全面展示和分析了银行的互联网金融转型应对之道	结合本土银行转型发展案例的书籍
	正在发生的转型升级·实践 本土管理实践与创新论坛　著	企业在快速变革期所展现出的管理变革新成果、新方法、新案例	重点突出对于未来企业管理相关领域的趋势研判
	触发需求:互联网新营销样本·水产 何足奇　著	传统产业都在苦闷中挣扎前行,本书通过鲜活的案例告诉你如何以需求链整合供应链,从而把大家熟知的传统行业打碎了重构、重做一遍	全是干货,值得细读学习,并且作者的理论已经经过了他亲自操刀的实践检验,效果惊人,就在书中全景展示
	移动互联新玩法:未来商业的格局和趋势 史贤龙　著	传统商业、电商、移动互联,三个世界并存,这种新格局的玩法一定要懂	看清热点的本质,把握行业先机,一本书搞定移动互联网
	微商生意经:真实再现33个成功案例操作全程 伏泓霖　罗晓慧　著	本书为33个真实案例,分享案例主人公在做微商过程中的经验教训	案例真实,有借鉴意义
	阿里巴巴实战运营——14招玩转诚信通 聂志新　著	本书主要介绍阿里巴巴诚信通的十四个基本推广操作,从而帮助使用诚信通的用户及企业更好地提升业绩	基本操作,很多可以边学边用,简单易学
	阿里巴巴实战运营2:诚信通热卖技巧 聂嵘海　著	诚信通TOP商家赚钱的密码箱,手把手教你操作,拿来就用	图文并茂,内容齐全,直接可以对照使用
	抖音营销如何做:未来抖商 刘大贺　著	解密从0到1亿粉丝的实操路径,深度剖析抖音营销全系统策略	企业做抖音营销的第一书
	微商团队长:从入门到精通 罗品牌　著	由浅入深,涵盖微商团队长必学技能的方方面面	只要照着做,就能当好微商团队长
	互联网精准营销 蒋　军　著	怎么在互联网时代整体策划、包装品牌和产品,并在此基础上为企业设计商业模式,技术实现并运营落地	为有基础的小微企业(大企业的新项目)1年实现销售额过亿,2年对接资本,3年左右准IPO
	今后这样做品牌:移动互联时代的品牌营销策略 蒋　军　著	与移动互联紧密结合,告诉你老方法还能不能用,新方法怎么用	今后这样做品牌就对了
	互联网+"变"与"不变":本土管理实践与创新论坛集萃·2016 本土管理实践与创新论坛　著	本土管理领域正在产生自己独特的理论和模式,尤其在移动互联时代,有很多新课题需要本土专家们一起研究	帮助读者拓宽眼界、突破思维
	创造增量市场:传统企业互联网转型之道 刘红明　著	传统企业需要用互联网思维去创造增量,而不是用电子商务去转移传统业务的存量	教你怎么在"互联网+"的海洋中创造实实在在的增量
	重生战略:移动互联网和大数据时代的转型法则 沈　拓　著	在移动互联网和大数据时代,传统企业转型如同生命体打算与再造,称之为"重生战略"	帮助企业认清移动互联网环境下的变化和应对之道
	画出公司的互联网进化路线图:用互联网思维重塑产品、客户和价值 李　蓓　著	18个问题帮助企业一步步梳理出互联网转型思路	思路清晰、案例丰富,非常有启发性
	7个转变,让公司3年胜出 李　蓓　著	消费者主权时代,企业该怎么办	这就是互联网思维,老板有能这样想,肯定倒不了
	跳出同质思维,从跟随到领先 郭　剑　著	66个精彩案例剖析,帮助老板突破行业长期思维惯性	做企业竟然有这么多玩法,开眼界

续表

行业类：零售、白酒、食品/快消品、农业、医药、建材家居等			
书名．作者		内容/特色	读者价值
零售·超市·餐饮·服装	**总部有多强大，门店就能走多远** IBMG 国际商业管理集团　著	如何把总部做强，成为门店的坚实后盾	了解总部建设的方法与经验
	超市卖场定价策略与品类管理 IBMG 国际商业管理集团　著	超市定价策略与品类管理实操案例和方法	拿来就能用的理论和工具
	连锁零售企业招聘与培训破解之道 IBMG 国际商业管理集团　著	围绕零售企业组织架构、培训体系建设等内容进行深刻探讨	破解人才发现和培养瓶颈的关键点
	中国首家未来超市：解密安徽乐城 IBMG 国际商业管理集团　著	介绍了乐城作为中国首家未来超市从无到有的传奇经历	了解新型零售超市的运作方式及管理特色
	三四线城市超市如何快速成长：解密甘雨亭 IBMG 国际商业管理集团　著	揭秘一家三四线连锁超市的经验策略	不但可以欣赏它的优点，而且可以学会它成功的方法
	新零售　新终端 迪智成咨询团队　著	梳理和提炼新零售的系统打法，将之落地在新终端建设上	让新零售这一看似形而上的商业概念有了可以落地的立足点
	新零售动作分解：建材　家居家具 盛斌子　著	第一本锁定在家居建材、家电、家装等耐用消费品领域谈新零售的书	第一本谈新零售的具体动作、策略、方法、招术的书，拿来就用
	新零售进化趋势与未来格局 李政权　著	通过业态、品类、体验、场景等，逐一呈现新零售的未来进化	就新零售未来的发展方向与进化趋势给出一个确定性的未来
	涨价也能卖到翻 村松达夫　【日】	提升客单价的 15 种实用、有效的方法	日本企业在这方面非常值得学习和借鉴
	移动互联下的超市升级 联商网专栏频道　著	深度解析超市转型升级重点	帮助零售企业把握全局、看清方向
	手把手教你做专业督导：专卖店、连锁店 熊亚柱　著	从督导的职能、作用，在工作中需要的专业技能、方法，都提供了详细的解读和训练办法，同时附有大量的表单工具	无论是店铺需要统一培训，还是个人想成为优秀的督导，有这一本就够了
	百货零售全渠道营销策略 陈继展　著	没有照本宣科、说教式的絮叨，只有笔者对行业的认知与理解，庖丁解牛式的逐项解析、展开	通俗易懂，花极少的时间快速掌握该领域的知识及趋势
	零售：把客流变成购买力 丁　昀　著	如何通过不断升级产品和体验式服务来经营客流	如何进行体验营销，国外的好经营，这方面有启发
	餐饮企业经营策略第一书 吴　坚　著	分别从产品、顾客、市场、盈利模式等几个方面，对现阶段餐饮企业的发展提出策略和思路	第一本专业的、高端的餐饮企业经营指导书
	餐饮新营销 杨　勇　程绍珊　著	在新环境下，对餐饮营销管理进行了全面深入的解读，提供了方式方法	全面性、系统性，区别于市面上的纯操作类作品
	电影院的下一个黄金十年：开发·差异化·案例 李保煜　著	对目前电影院市场存大的问题及如何解决进行了探讨与解读	多角度了解电影院运营方式及代表性案例
	赚不赚钱靠店长：从懂管理到会经营 孙彩军　著	通过生动的案例来进行剖析，注重门店管理细节方面的能力提升	帮助终端门店店长在管理门店的过程中实现经营思路的拓展与突破
耐消品	**商用车经销商运营实战** 杜建君　王朝阳　章晓青　等著	从管理到经营，从销售到服务，系统化运作全指导	为经销商经营开阔思路，掌握方法
	汽车配件这样卖：汽车后市场销售秘诀 100 条 俞士耀　著	汽配销售业务员必读，手把手教授最实用的方法，轻松得来好业绩	快速上岗，专业实效，业绩无忧

续表

耐消品	**润滑油销售:这样说这样做更有效** 张金荣　著	针对渠道、经销商、终端的超实用话术	上车看,下车用,3分钟就能学会。
	新经销:新零售时代,教你做大商 黄润霖　著	从选址、产品、促销、团队、规模阐述新经销变与不变的市场手法和操作思路	实地拜访近100位经销商在传统营销手法上的创新、新营销工具的发现
	珠宝黄金新营销 崔德乾　著	营销、品牌、产品、连接、场景、社群、服务、传播、管理及产业价值链	新营销在珠宝行业的实战应用,业内必备第一书
	跟行业老手学经销商开发与管理:家电、耐消品、建材家居 黄润霖　著	全部来源于经销商管理的一线问题,作者用丰富的经验将每一个问题落实到最便捷快速的操作方法上去	书中每一个问题都是普通营销人亲口提出的,这些问题你也会遇到,作者进行的解答则精彩实用
白酒	**酒水饮料快消品餐饮渠道营销手册** 朱伟杰　著	主要针对快消品(酒水、饮料)的餐饮渠道,提供了区域、商圈、不同业态的规划和促销安排等多种工具,并提出了经销商、批发商等相关人员的管理方法	一本酒水饮料如何在餐饮渠道销售的全能手册,内容深入翔实,可以直接照搬套用,这样的便利简直千金不换
	白酒到底如何卖 赵海永　著	以市场实战为主,多层次、全方位、多角度地阐释了白酒一线市场操作的最新模式和方法,接地气	实操性强,37个方法、6大案例帮你成功卖酒
	变局下的白酒企业重构 杨永华　著	帮助白酒企业从产业视角看清趋势,找准位置,实现弯道超车的书	行业内企业要减少90%,自己在什么位置,怎么做,都清楚了
	1. 白酒营销的第一本书(升级版) **2. 白酒经销商的第一本书** 唐江华　著	华泽集团湖南开口笑公司品牌部长,擅长酒类新品推广、新市场拓展	扎根一线,实战
	区域型白酒企业营销必胜法则 朱志明　著	为区域型白酒企业提供35条必胜法则,在竞争中赢销的葵花宝典	丰富的一线经验和深厚积累,实操实用
	10步成功运作白酒区域市场 朱志明　著	白酒区域操盘者必备,掌握区域市场运作的战略、战术、兵法	在区域市场的攻伐防守中运筹帷幄,立于不败之地
	酒业转型大时代:微酒精选2014-2015 微酒　主编	本书分为五个部分:当年大事件、那些酒业营销工具、微酒独立策划、业内大调查和十大经典案例	了解行业新动态、新观点,学习营销方法
快消品·食品	**中国快消品营销的这些年** 史贤龙　著	作者精华文章的合集,一本书浓缩了过去十五年,中国营销的实战历程与前沿思考	快消品营销行业的案例和方法都原汁原味呈现,在反映当时风貌的同时,展望与反思
	营销中国茶:2小时读懂茶叶营销 史贤龙　著	从不同视角对中国的茶营销进行了思考,内容涉及中国茶产业战略困境、茶企规模化、茶品牌崛起、茶文化、茶营销、茶消费、茶零售、茶道等	内容丰富扎实,文字流畅,浓缩的都是精华,让你2小时读懂茶叶营销
	这样打造快消品标杆市场 罗宏文　著	帮助你解决如何成功打造标杆市场和进行持续增量管理两大问题	一套系统的方法论,通俗易懂,可以直接套用
	5小时读懂快消品营销:中国快消品案例观察 陈海超　著	多年营销经验的一线老手把案例掰开了、揉碎了,从中得出的各种手段和方法给读者以帮助和启发	营销那些事儿的个中秘辛,求人还不一定告诉你,这本书里就有
	快消品招商的第一本书:从入门到精通 刘　雷　著	深入浅出,不说废话,有工具方法,通俗易懂	让零基础的招商新人快速学习书中最实用的招商技能,成长为骨干人才
	乳业营销第一书 侯军伟　著	对区域乳品企业生存发展关键性问题的梳理	唯一的区域乳业营销书,区域乳品企业一定要看

续表

快消品·食品	金龙鱼背后的粮油帝国 余　盛　著	讲述金龙鱼品牌及母公司丰益国际的商业冒险故事	在精彩的阅读体验中学到营销管理的方法
	食用油营销第一书 余　盛　著	10 多年油脂企业工作经验,从行业到具体实操	食用油行业第一书,当之无愧
	中国茶叶营销第一书 柏　龑　著	如何跳出茶行业"大文化小产业"的困境,作者给出了自己的观察和思考	不是传统做茶的思路,而是现在商业做茶的思路
	调味品企业八大必胜法则 张　戟　著	八大规律性的关键成功要素,背后都有本土调味品企业的成功实践	"观点阐述 + 案例描述",行业必读
	调味品营销第一书 陈小龙　著	国内唯一一本调味品营销的书	唯一的调味品营销的书,调味品的从业者一定要看
	快消品营销人的第一本书:从入门到精通 刘　雷　伯建新　著	快消行业必读书,从入门到专业	深入细致,易学易懂
	变局下的快消品营销实战策略 杨永华　著	通胀了,成本增加,如何从被动应战变成主动的"系统战"	作者对快消品行业非常熟悉、非常实战
	快消品经销商如何快速做大 杨永华　著	本书完全从实战的角度,评述现象,解析误区,揭示原理,传授方法	为转型期的经销商提供了解决思路,指出了发展方向
	快消品营销:一位销售经理的工作心得 2 蒋　军　著	快消品、食品饮料营销的经验之谈,重点图书	来源与实战的精华总结
	快消品营销与渠道管理 谭长春　著	将快消品标杆企业渠道管理的经验和方法分享出来	可口可乐、华润的一些具体的渠道管理经验,实战
	成为优秀的快消品区域经理(升级版) 伯建新　著	用"怎么办"分析区域经理的工作关键点,增加 30% 全新内容,更贴近环境变化	可以作为区域经理的"速成催化器"
	销售轨迹:一位快消品营销总监的拼搏之路 秦国伟　著	本书讲述了一个普通销售员打拼成为跨国企业营销总监的真实奋斗历程	激励人心,给广大销售员以力量和鼓舞
	快消老手都在这样做:区域经理操盘锦囊 方　刚　著	非常接地气,全是多年沉淀下来的干货,丰富的一线经验和实操方法不可多得	在市场摸爬滚打的"老油条",那些独家绝招妙招一般你问都是问不来的
	动销四维:全程辅导与新品上市 高继中　著	从产品、渠道、促销和新品上市详细讲解提高动销的具体方法,总结作者 18 年的快消品行业经验,方法实操	内容全面系统,方法实操
农业	饲料营销有方法:策略　案例　工具 陈石平　著	跳出饲料看饲料,根据饲料营销的关键成功要素(KSF)提出 7 大核心命题	紧跟农牧产业发展大势,提高饲料企业营销竞争力
	新农资如何换道超车 刘祖轲　等著	从农业产业化、互联网转型、行业营销与经营突破四个方面阐述如何让农资企业占领先机、提前布局	南方略专家告诉你如何应对资源浪费、生产效率低下、产能严重过剩、价格与价值严重扭曲等
	中国牧场管理实战:畜牧业、乳业必读 黄剑黎　著	本书不仅提供了来自一线的实际经验,还收入了丰富的工具文档与表单	填补空白的行业必读作品
	中小农业企业品牌战法 韩　旭　著	将中小农业企业品牌建设的方法,从理论讲到实践,具有指导性	全面把握品牌规划,传播推广,落地执行的具体措施
	农资营销实战全指导 张　博　著	农资如何向"深度营销"转型,从理论到实践进行系统剖析,经验资深	朴实、使用!不可多得的农资营销实战指导
	农产品营销第一书 胡浪球　著	从农业企业战略到市场开拓、营销、品牌、模式等	来源于实践中的思考,有启发
	变局下的农牧企业 9 大成长策略 彭志雄　著	食品安全、纵向延伸、横向联合、品牌建设……	唯一的农牧企业经营实操的书,农牧企业一定要看

续表

医药	**在中国，医药营销这样做：时代方略精选文集** 段继东　主编	专注于医药营销咨询15年，将医药营销方法的精华文章合编，深入全面	可谓医药营销领域的顶尖著作，医药界读者的必读书
	医药新营销：制药企业、医药商业企业营销模式转型 史立臣　著	医药生产企业和商业企业在新环境下如何做营销？老方法还有没有用？如何寻找新方法？新方法怎么用？本书给你答案	内容非常现实接地气，踏实谈问题说方法
	医药企业转型升级战略 史立臣　著	药企转型升级有5大途径，并给出落地步骤及风险控制方法	实操性强，有作者个人经验总结及分析
	新医改下的医药营销与团队管理 史立臣　著	探讨新医改对医药行业的系列影响和医药团队管理	帮助理清思路，有一个框架
	医药营销与处方药学术推广 马宝琳　著	如何用医学策划把“平民产品”变成“明星产品”	有真货、讲真话的作者，堪称处方药营销的经典！
	医药行业大洗牌与药企创新 林延君　沈　斌　著	一方面，围绕着变革，多角度阐述药企的应对之道；另一方面，紧扣实践，介绍近百家医药企业创新实践案例	医改变革10年，医药企业如何应对大洗牌？重磅出击的药企人必读书
	新医改了，药店就要这样开 尚　锋　著	药店经营、管理、营销全攻略	有很强的实战性和可操作性
	电商来了，实体药店如何突围 尚　锋　著	电商崛起，药店该如何突围？本书从促销、会员服务、专业性、客单价等多重角度给出了指导方向	实战攻略，拿来就能用
	OTC医药代表药店销售36计 鄢圣安　著	以《三十六计》为线，写OTC医药代表向药店销售的一些技巧与策略	案例丰富，生动真实，实操性强
	OTC医药代表药店开发与维护 鄢圣安　著	要做到一名专业的医药代表，需要做什么、准备什么、知识储备、操作技巧等	医药代表药店拜访的指导手册，手把手教你快速上手
	引爆药店成交率1：店员导购实战 范月明　著	一本书解决药店导购所有难题	情景化、真实化、实战化
	引爆药店成交率2：经营落地实战 范月明　著	最接地气的经营方法全指导	揭示了药店经营的几类关键问题
	引爆药店成交率：专业化销售解决方案 范月明　著	药品搭配分析与关联销售	为药店人专业化助力
	处方药合规推广实战宝典 赵佳震　著	推广体系搭建、推广人员岗位工作内容、推广服务外包商管理等六个方面	解决“医药代表转型”和“推广服务外包商管理”的困惑
	医药代理商实操全指导：新环境　新战法 戴文杰　著	结合医药市场政策环境解读新环境下医药招商的战法，着重分析药品产业链的盈利机会	医药销售业务人员的必备读物
	攻略基层诊所：医药营销这样做 张江民　著	对基层诊所的开发、维护和动销，拿来就用的方式方法	实战是本书的主旨，只要用心去看，就能在基层诊所市场中运用
	互联网医药的未来 动脉网　编著	介绍了互联网医药发展的现状与趋势	帮助创业者和投资人看清未来，把握当下
	处方药零售这样做 田　军　著	阐述了处方药零售的重要性，以及做处方药零售市场的具体措施和方法	系统性了解和掌握处方药零售方法
建材家居	**成为最赚钱的家具建材经销商** 李治江　著	从销售模式、产品、门店等老板们最关注和最需要的方面解决问题、提供方法	只要你是建材、家具、家居用品的经销商老板，这就是一本必读的书
	定制家居黄金十年 韩　锋　翁长华　著	梳理了定制家居的商业模式和发展情况	帮助定制家居看清方向，把握当下
	家具建材促销与引流 薛　亮　李永峰　著	十大促销模式的详细方法和工具	让你天天签大单

续表

建材家居	**家具行业操盘手** 王献永　著	家具行业问题的终结者	解决了干家具还有没有前途？为什么同城多店的家具经销商很难做大做强等问题
	建材家居营销：除了促销还能做什么 孙嘉晖　著	一线老手的深度思考，告诉你在建材家居营销模式基本停滞的今天，除了促销，营销还能怎么做	给你的想法一场革命
	建材家居营销实务 程绍珊　杨鸿贵　主编	价值营销运用到建材家居，每一步都让客户增值	有自己的系统、实战
	家居建材门店6力爆破 贾同领　著	合盘道出一线品牌销量秘籍	6力招招见血，既有招数，又有策略
	建材家居门店销量提升 贾同领　著	店面选址、广告投放、推广助销、空间布局、生动展示、店面运营等	门店销量提升是一个系统工程，非常系统、实战
	10步成为最棒的建材家居门店店长 徐伟泽　著	实际方法易学易用，让员工能够迅速成长，成为独当一面的好店长	只要坚持这样干，一定能成为好店长
	手把手帮建材家居导购业绩倍增：成为顶尖的门店店员 熊亚柱　著	生动的表现形式，让普通人也能成为优秀的导购员，让门店业绩长红	读着有趣，用着简单，一本在手、业绩无忧
	建材家居经销商实战42章经 王庆云　著	告诉经销商：老板怎么当、团队怎么带、生意怎么做	忠言逆耳，看着不舒服就对了，实战总结，用一招半式就值了
工业品	**销售是门专业活：B2B、工业品** 陆和平　著	销售流程就应该跟着客户的采购流程和关注点的变化向前推进，将一个完整的销售过程分成十个阶段，提供具体方法	销售不是请客吃饭拉关系，是个专业的活计！方法在手，走遍天下不愁
	解决方案营销实战案例 刘祖轲　著	用10个真案例讲明白什么是工业品的解决方案式营销，实战、实用	有干货、真正操作过的才能写得出来
	变局下的工业品企业7大机遇 叶敦明　著	产业链条的整合机会、盈利模式的复制机会、营销红利的机会、工业服务商转型机会……	工业品企业还可以这样做，思维大突破
	工业品市场部实战全指导 杜　忠　著	工业品市场部经理工作内容全指导	系统、全面、有理论、有方法，帮助工业品市场部经理更快提升专业能力
	工业品营销管理实务 李洪道　著	中国特色工业品营销体系的全面深化、工业品营销管理体系优化升级	工具更实战，案例更鲜活，内容更深化
	工业品企业如何做品牌 张东利　著	为工业品企业提供最全面的品牌建设思路	有策略、有方法、有思路、有工具
	丁兴良讲工业4.0 丁兴良　著	没有枯燥的理论和说教，用朴实直白的语言告诉你工业4.0的全貌	工业4.0是什么？本书告诉你答案
	资深大客户经理：策略准，执行狠 叶敦明　著	从业务开发、发起攻势、关系培育、职业成长四个方面，详述了大客户营销的精髓	满满的全是干货
	两化融合管理系统贯标流程与方法 戴　勇　张华杰　张百荣　编著	全面梳理贯标流程和方法	帮助企业成功贯标
	一切为了订单：订单驱动下的工业品营销实战 唐道明　著	其实，所有的企业都在围绕着两个字在开展全部的经营和管理工作，那就是“订单”	开发订单、满足订单、扩大订单。本书全是实操方法，字字珠玑、句句干货，教你获得营销的胜利
金融	**交易心理分析** (美)马克·道格拉斯　著 刘真如　译	作者一语道破赢家的思考方式，并提供了具体的训练方法	不愧是投资心理的第一书，绝对经典
	精品银行管理之道 崔海鹏　何　屹　主编	中小银行转型的实战经验总结	中小银行的教材很多，实战类的书很少，可以看看

续表

金融	**支付战争** Eric M. Jackson 著 徐 彬 王 晓 译	PayPal创业期营销官，亲身讲述PayPal从诞生到壮大到成功出售的整个历史	激烈、有趣的内幕商战故事！了解美国支付市场的风云巨变
	中外并购名著专业阅读指南 叶兴平 等著	在5000多本并购类图书中精选的200著作，在阅读的基础上写的读书评价	精挑细选200本并一一评介，省去读者挑选的烦恼，快捷、高效
	新三板信息披露全流程：操作与工具 和珩科技 著	详细拆解董秘日常工作过程中所需的信息披露流程	董秘案头必备用书
	成功并购300本：一本书搞定并购难题 浩德军师并购联盟 著	从财务，税务，法律等角度详细解答疑问	能解决80%的并购问题
	互联网时代的银行转型 韩友诚 著	以大量案例形式为读者全面展示和分析了银行的互联网金融转型应对之道	结合本土银行转型发展案例的书籍
房地产	**产业园区/产业地产规划、招商、运营实战** 阎立忠 著	目前中国第一本系统解读产业园区和产业地产建设运营的实战宝典	从认知、策划、招商到运营全面了解地产策划
	人文商业地产策划 戴欣明 著	城市与商业地产战略定位的关键是不可复制性，要发现独一无二的“味道”	突破千城一面的策划困局
	中国城市群房地产投资策略 吕俊博 著	全方位、多角度分析城市群房地产现状是趋势	让亿元资产投资更理性、更安全
	电影院的下一个黄金十年：开发·差异化·案例 李保煜 著	对目前电影院市场存大的问题及如何解决进行了探讨与解读	多角度了解电影院运营方式及代表性案例
能源	**全能型班组：城市能源互联网与电力班组升级** 国网天津市电力公司 编著	借鉴国内外优秀企业的转型升级思路，通过对于新型班组组织模式和运行机制的大胆设想，力图构建充分适应内外环境变化的全能型班组	看看庞大的国企在新环境下是如何顺应时代的
	国网天津电力全能型班组建设实务 国网天津市电力公司 编著	本书聚焦于天津电力公司在探索全能型班组转型升级时的优秀实践	电力行业的班组实践，具体、可操作性强

经营类：企业如何赚钱，如何抓机会，如何突破，如何“开源”

	书名．作者	内容/特色	读者价值
抓方向	**让经营回归简单．升级版** 宋新宇 著	化繁为简抓住经营本质：战略、客户、产品、员工、成长	经典，做企业就这几个关键点！
	混沌与秩序Ⅰ：变革时代企业领先之道 **混沌与秩序Ⅱ：变革时代管理新思维** 彭剑锋 尚艳玲 主编	汇集华夏基石专家团队10年来研究成果，集中选择了其中的精华文章编纂成册	作者都是既有深厚理论积淀又有实践经验的重磅专家，为中国企业和企业家的未来提出了高屋建瓴的观点
	活系统：跟任正非学当老板 孙行健 尹 贤 著	以任正非的独到视角，教企业老板如何经营公司	看透公司经营本质，激活企业活力
	重构：快消品企业重生之道 杨永华 著	从7个角度，帮助企业实现系统性的改造	提供转型思想与方法，值得参考
	公司由小到大要过哪些坎 卢 强 著	老板手里的一张“企业成长路线图”	现在我在哪儿，未来还要走哪些路，都清楚了
	企业二次创业成功路线图 夏惊鸣 著	企业曾经抓住机会成功了，但下一步该怎么办？	企业怎样获得第二次成功，心里有个大框架了
	老板经理人双赢之道 陈 明 著	经理人怎养选平台、怎么开局，老板怎样选/育/用/留	老板生闷气，经理人牢骚大，这次知道该怎么办了

续表

抓方向	**简单思考:AMT 咨询创始人自述** 孔祥云 著	著名咨询公司(AMT)的 CEO 创业历程中点点滴滴的经验与思考	每一位咨询人,每一位创业者和管理经营者,都值得一读
	企业文化的逻辑 王祥伍 黄健江 著	为什么企业绩效如此不同,解开绩效背后的文化密码	少有的深刻,有品质,读起来很流畅
	使命驱动企业成长 高可为 著	钱能让一个人今天努力,使命能让一群人长期努力	对于想做事业的人,'使命'是绕不过去的
思维突破	**盈利原本就这么简单** 高可为 著	从财务的角度揭示企业盈利的秘密	多方面解读商业模式与盈利的关系,通俗易懂,受益匪浅
	经营:打造你的盈利系统 高可为 著	从盈利角度梳理了系统化的经营方式	让企业掌舵者把控经营全局
	创模式:23 个行业创新案例 段传敏 著	23 位行业精英的创新对话	创业者、转型者的实战参考
	企业良性成长:用顶层设计突破瓶颈 刘建兆 著	全方位介绍企业顶层设计的方法和思路	帮助企业用顶层设计突破成长瓶颈
	移动互联新玩法:未来商业的格局和趋势 史贤龙 著	传统商业、电商、移动互联,三个世界并存,这种新格局的玩法一定要懂	看清热点的本质,把握行业先机,一本书搞定移动互联网
	画出公司的互联网进化路线图:用互联网思维重塑产品、客户和价值 李 蓓 著	18 个问题帮助企业一步步梳理出互联网转型思路	思路清晰、案例丰富,非常有启发性
	重生战略:移动互联网和大数据时代的转型法则 沈 拓 著	在移动互联网和大数据时代,传统企业转型如同生命体打算与再造,称之为"重生战略"	帮助企业认清移动互联网环境下的变化和应对之道
	创造增量市场:传统企业互联网转型之道 刘红明 著	传统企业需要用互联网思维去创造增量,而不是用电子商务去转移传统业务的存量	教你怎么在"互联网 +"的海洋中创造实实在在的增量
	7 个转变,让公司 3 年胜出 李 蓓 著	消费者主权时代,企业该怎么办	这就是互联网思维,老板有能这样想,肯定倒不了
	跳出同质思维,从跟随到领先 郭 剑 著	66 个精彩案例剖析,帮助老板突破行业长期思维惯性	做企业竟然有这么多玩法,开眼界
	互联网 +"变"与"不变":本土管理实践与创新论坛集萃·2016 本土管理实践与创新论坛 著	加速本土管理思想的孕育诞生,促进本土管理创新成果更好地服务企业、贡献社会	各个作者本年度最新思想,帮助读者拓宽眼界、突破思维
	消费升级:实践 研究(文集) 本土管理实践与创新论坛 著	38 位管理专家及 7 位学者的精华思想,从经营、管理、行业及思想研究四个方面阐述中国企业在消费升级下的实践与研究	思想启发,行业借鉴
财务	**写给企业家的公司与家庭财务规划——从创业成功到富足退休** 周荣辉 著	本书以企业的发展周期为主线,写各阶段企业与企业主家庭的财务规划	为读者处理人生各阶段企业与家庭的财务问题提供建议及方法,让家庭成员真正享受财富带来的益处
	互联网时代的成本观 程 翔 著	本书结合互联网时代提出了成本的多维观,揭示了多维组合成本的互联网精神和大数据特征,论述了其产生背景、实现思路和应用价值	在传统成本观下为盈利的业务,在新环境下也许就成为亏损业务。帮助管理者从新的角度来看待成本,进一步做好精益管理

续表

财务	财报背后的投资机会 蒋　豹　著	以具体的公司案例分析，教你迅速看出财务报表与企业经营的关系、所反映的企业经营现状，从而找到投资机会	前四大会计所员工为读者解密财报，发现投资机会
管理类：效率如何提升，如何实现经营目标，如何"节流"			
书名．作者		内容/特色	读者价值
通用管理	让管理回归简单·升级版 宋新宇　著	从目标、组织、决策、授权、人才和老板自己层面教你怎样做管理	帮助管理抓住管理的要害，让管理变得简单
	让经营回归简单·升级版 宋新宇　著	从战略、客户、产品、员工、成长、经营者自身等七个方面，归纳总结出简单有效的经营法则	总结出的真正优秀企业的成功之道：简单
	让用人回归简单 宋新宇　著	从用人的原则、用人的难题与误区、用人的方法和用人者的修炼四大方面，总结出适合中小企业做好人才管理工作的法则	帮助管理者抓住用人的要害，让用人变得简单
	历史深处的管理智慧1：组织建设与用人之道 刘文瑞　著	对历史之典故、政事、人事、政制进行管理解析，鉴照企业人才的选用育留	推动理论与实践的对接，实现理性与情感的渗透，用中国话语说明管理智慧
	历史深处的管理智慧2：战略决策与经营运作 刘文瑞　著	对历史之典故、政事、人事、政制进行管理解析，鉴照企业战略设计与经营实践	推动理论与实践的对接，实现理性与情感的渗透，用中国话语说明管理智慧
	历史深处的管理智慧3：领导修炼与文化素养 刘文瑞　著	对历史之典故、政事、人事、政制进行管理解析，鉴照企业领导职业能力提升与文化修养	推动理论与实践的对接，实现理性与情感的渗透，用中国话语说明管理智慧
	管理的尺度 刘文瑞　著	对管理中的种种普遍性问题进行了批评	提高把握管理尺度的能力
	管理学在中国 刘文瑞　著	系统性介绍了管理学在中国的发展和演变	了解管理学在中国的发展脉络，更清晰理解管理学的本质
	看电影，懂管理 刘文瑞　著	16部经典电影，带你感悟管理智慧	能够帮助读者放松身心，驰骋想象，在不知不觉中增长智慧
	管理：以规则驾驭人性 王春强　著	详细解读企业规则的制定方法	从人与人博弈角度提升管理的有效性
	打造集成供应链：走出挂一漏十的改善困境 王春强　著	详解集成供应链全过程	帮助企业优化供应链管理
	用好骨干员工：关键人才培养与激励 王　敏　著	系统化分享关键人才打造与激励方法	企业能实在用人的最大化价值
	改变世界的管理学大师1：管理学的前世今生 刘文瑞　编著	介绍了古典管理学时期的大师事迹和思想	深入了解管理大师们的思想和智慧
	成为企业欢迎的咨询师 张国祥　著	从调研到落地，手把手教你咨询流程	不走弯路，方便直接的学到老咨询师的套路
	员工心理学超级漫画版 邢　雷　著	以漫画的形式深度剖析员工心理	帮助管理者更了解员工，从而更轻松地管理员工
	老板有想法，高层有干法：企业中的将帅之道 王清华　著	深入剖析老板与高管的异同	各司其职，各行其是，相辅相成
	分股合心：股权激励这样做 段磊　周剑　著	通过丰富的案例，详细介绍了股权激励的知识和实行方法	内容丰富全面、易读易懂，了解股权激励，有这一本就够了
	边干边学做老板 黄中强　著	创业20多年的老板，有经验、能写、又愿意分享，这样的书很少	处处共鸣，帮助中小企业老板少走弯路

续表

通用管理	**成为敏感而体贴的公司** 王　涛　著	本书为作者对企业的观察和冥想的随笔记录。从生活中的一个现象入手,进而探索现象背后的本质	从全新角度认识公司
	中国企业的觉醒:正直　善良　成长 王　涛　著	围绕着企业人如何发生转化展开,对中国人、中国文化及由此导致的企业现状的观察和思考	企业除了要利润,还需要道德
	有意识的思考:轻松化解问题的7个思考习惯 王　涛　著	本书是对思想、思考过程、思考方式进行的细致观察	养成好的思考习惯,更深刻地看问题
	中国式阿米巴落地实践之从交付到交易 胡八一　著	本书主要讲述阿米巴经营会计,“从交付到交易”,这是成功实施了阿米巴的标志	阿米巴经营会计的工作是有逻辑关联的,一本书就能搞定
	中国式阿米巴落地实践之激活组织 胡八一　著	重点讲解如何科学划分阿米巴单元,阐述划分的实操要领、思路、方法、技术与工具	最大限度减少“推行风险”和“摸索成本”,利于公司成功搭建适合自身的个性化阿米巴经营体系
	中国式阿米巴落地实践之持续盈利 胡八一　著	把企业做成平台,企业才能做大(格局);把平台做成阿米巴,企业才能做强(专业);把阿米巴做成合伙制,企业才能做久(机制)	中国式阿米巴落地实践三部曲的最后一部,告诉你企业如何做大做强做久
	集团化企业阿米巴实战案例 初勇钢　著	一家集团化企业阿米巴实施案例	指导集团化企业系统实施阿米巴
	阿米巴经营的中国模式 李志华　著	让员工从“要我干”到“我要干”,价值量化出来	阿米巴在企业如何落地,明白思路了
	欧博心法:好管理靠修行 曾　伟　著	用佛家的智慧,深刻剖析管理问题,见解独到	如果真的有‘中国式管理’,曾老师是其中标志性人物
	领导这样点燃你的下属 孟广桥　著	领导者如何才能让员工积极主动地工作?如何让你的员工和下属保持工作的热情,自动自发?看了这本书就知道	只要你希望手下的"兵将"永远充满工作的斗志,这本书将使你获益良多
流程管理	**1. 用流程解放管理者** **2. 用流程解放管理者2** 张国祥　著	中小企业阅读的流程管理、企业规范化的书	通俗易懂,理论和实践的结合恰到好处
	跟我们学建流程体系 陈立云　著	畅销书《跟我们学做流程管理》系列,更实操,更细致,更深入	更多地分享实践,分享感悟,从实践总结出来的方法论
	人人都要懂流程 金国华　余雅丽　著	当前各企业流程管理方面最为典型的痛点现象及问题案例	通俗易懂,适合企业全员阅读
质量管理	**IATF16949质量管理体系详解与案例文件汇编:TS16949转版IATF16949:2016** 谭洪华　著	针对IATF的新标准做了详细的解说,同时指出了一些推行中容易犯的错误,提供了大量的表单、案例	案例、表单丰富,拿来就用
	五大质量工具详解及运用案例:APQP/FMEA/PPAP/MSA/SPC 谭洪华　著	对制造业必备的五大质量工具中每个文件的制作要求、注意事项、制作流程、成功案例等进行了解读	通俗易懂、简便易行,能真正实现学以致用
	ISO9001:2015新版质量管理体系详解与案例文件汇编 谭洪华　著	紧密围绕2015年新版质量管理体系文件逐条详细解读,并提供可以直接套用的案例工具,易学易上手	企业质量管理认证、内审必备
	ISO14001:2015新版环境管理体系详解与案例文件汇编 谭洪华　著	紧密围绕2015年新版环境管理体系文件逐条详细解读,并提供可以直接套用的案例工具,易学易上手	企业环境管理认证、内审必备

续表

质量管理	**ISO9001:2015 完整文件汇编:制造业** 贺红喜　著	按照ISO9001标准并超出标准的要求,提供了一套完整的制造业的质量管理体系文件	原汁原味完整收入,直接可以拿来就用
	SA8000:2014 社会责任管理体系认证实战 吕　林　著	作者根据自己的操作经验,按认证的流程,以相关案例进行说明SA8000认证体系	简单,实操性强,拿来就能用
	精益质量管理实战工具 贺小林　著	制造类企业日常工作中所需要的精益管理工具的归纳整理,并进行案例操作的细致分析	可以直接参考,实际解决生产中的具体问题
战略落地	**重生——中国企业的战略转型** 施　炜　著	从前瞻和适用的角度,对中国企业战略转型的方向、路径及策略性举措提出了一些概要性的建议和意见	对企业有战略指导意义
	公司大了怎么管:从靠英雄到靠组织 AMT 金国华　著	第一次详尽阐释中国快速成长型企业的特点、问题及解决之道	帮助快速成长型企业领导及管理团队理清思路,突破瓶颈
	低效会议怎么改:每年节省一半会议成本的秘密 AMT 王玉荣　著	教你如何系统规划公司的各级会议,一本工具书	教会你科学管理会议的办法
	年初订计划,年尾有结果:战略落地七步成诗 AMT 郭晓　著	7个步骤教会你怎么让公司制定的战略转变为行动	系统规划,有效指导计划实现
人力资源	**HRBP是这样炼成的之"菜鸟起飞"** 新　海　著	以小说的形式,具体解析HRBP的职责,应该如何操作,如何为业务服务	实践者的经验分享,内容实务具体,形式有趣
	HRBP是这样炼成的之中级修炼 新　海　著	本书以案例故事的方式,介绍了HRBP在实际工作中碰到的问题和挑战	书中的HR解决方案讲究因时因地制宜、简单有效的原则,重在启发读者思路,可供各类企业HRBP借鉴
	HRBP是这样炼成的之高级修炼 新　海　著	以故事的形式,展现了HRBP工作者在职业发展路上的层层深入和递进	为读者提供HRBP在实际工作中遇到种种问题的解决方案
	新任HR高管如何从0到1 黄渊明　著	全景式展现新任高管华丽转身全过程	助力新任高管安全着陆
	HR的劳动法内参 李皓楠　著	100个劳动法案例和分析	轻松掌握劳动法知识,方便运用
	把面试做到极致:首席面试官的人才甄选法 孟广桥　著	作者用自己几十年的人力资源经验总结出的一套实用的确定岗位招聘标准、提升面试官技能素质的简便方法	面试官必备,没有空泛理论,只有巧妙的实操技能
	人力资源体系与e-HR信息化建设 刘书生　陈　莹　王美佳　著	将作者经历的人力资源管理变革、人力资源管理信息化咨询项目方法论、工具和成果全面展现给读者,使大家能够将其快速应用到管理实践中	系统性非常强,没有废话,全部是浓缩的干货
	回归本源看绩效 孙　波　著	让绩效回顾"改进工具"的本源,真正为企业所用	确实是来源于实践的思考,有共鸣
	世界500强资深培训经理人教你做培训管理 陈　锐　著	从7大角度具体细致地讲解了培训管理的核心内容	专业、实用、接地气

续表

人力资源	**曹子祥教你做激励性薪酬设计** 曹子祥　著	以激励性为指导，系统性地介绍了薪酬体系及关键岗位的薪酬设计模式	深入浅出，一本书学会薪酬设计
	曹子祥教你做绩效管理 曹子祥　著	复杂的理论通俗化，专业的知识简单化，企业绩效管理共性问题的解决方案	轻松掌握绩效管理
	把招聘做到极致 远　鸣　著	作为世界500强高级招聘经理，作者数十年招聘经验的总结分享	带来职场思考境界的提升和具体招聘方法的学习
	人才评价中心．超级漫画版 邢　雷　著	专业的主题，漫画的形式，只此一本	没想到一本专业的书，能写成这效果
	走出薪酬管理误区 全怀周　著	剖析薪酬管理的8大误区，真正发挥好枢纽作用	值得企业深读的实用教案
	集团化人力资源管理实践 李小勇　著	对搭建集团化的企业很有帮助，务实，实用	最大的亮点不是理论，而是结合实际的深入剖析
	我的人力资源咨询笔记 张　伟　著	管理咨询师的视角，思考企业的HR管理	通过咨询师的眼睛对比很多企业，有启发
	本土化人力资源管理8大思维 周　剑　著	成熟HR理论，在本土中小企业实践中的探索和思考	对企业的现实困境有真切体会，有启发
企业文化	**36个拿来就用的企业文化建设工具** 海融心胜　主编	数十个工具，为了方便拿来就用，每一个工具都严格按照工具属性、操作方法、案例解读划分，实用、好用	企业文化工作者的案头必备书，方法都在里面，简单易操作
	企业文化建设超级漫画版 邢　雷　著	以漫画的形式系统教你企业文化建设方法	轻松易懂好操作
	华夏基石方法：企业文化落地本土实践 王祥伍　谭俊峰　著	十年积累、原创方法、一线资料，和盘托出	在文化落地方面真正有洞察，有实操价值的书
	企业文化的逻辑 王祥伍　著	为什么企业之间如此不同，解开绩效背后的文化密码	少有的深刻，有品质，读起来很流畅
	企业文化激活沟通 宋杼宸　安　琪　著	透过新任HR总经理的眼睛，揭示出沟通与企业文化的关系	有实际指导作用的文化落地读本
	在组织中绽放自我：从专业化到职业化 朱仁健　王祥伍　著	个人如何融入组织，组织如何助力个人成长	帮助企业员工快速认同并投入到组织中去，为企业发展贡献力量
	企业文化定位·落地一本通 王明胤　著	把高深枯燥的专业理论创建成一套系统化、实操化、简单化的企业文化缔造方法	对企业文化不了解，不会做？有这一本从概念到实操，就够了
生产管理	**精益思维：中国精益如何落地** 刘承元　著	笔者二十余年企业经营和咨询管理的经验总结	中国企业需要灵活运用精益思维，推动经营要素与管理机制的有机结合，推动企业管理向前发展
	300张现场图看懂精益5S管理 乐　涛　编著	5S现场实操详解	案例图解，易懂易学
	高员工流失率下的精益生产 余伟辉　著	中国的精益生产必须面对和解决高员工流失率问题	确实来源于本土的工厂车间，很务实
	车间人员管理那些事儿 岑立聪　著	车间人员管理中处理各种“疑难杂症”的经验和方法	基层车间管理者最闹心、头疼的事，‘打包’解决

续表

生产管理	**1. 欧博心法:好管理靠修行** **2. 欧博心法:好工厂这样管** 曾　伟　著	他是本土最大的制造业管理咨询机构创始人,他从400多个项目、上万家企业实践中锤炼出的欧博心法	中小制造型企业,一定会有很强的共鸣
	欧博工厂案例1:生产计划管控对话录 **欧博工厂案例2:品质技术改善对话录** **欧博工厂案例3:员工执行力提升对话录** 曾　伟　著	最典型的问题、最详尽的解析,工厂管理9大问题27个经典案例	没想到说得这么细,超出想象,案例很典型,照搬都可以了
	工厂管理实战工具 欧博企管　编著	以传统文化为核心的管理工具	适合中国工厂
	苦中得乐:管理者的第一堂必修课 曾　伟　编著	曾伟与师傅大愿法师的对话,佛学与管理实践的碰撞,管理禅的修行之道	用佛学最高智慧看透管理
	比日本工厂更高效1:管理提升无极限 刘承元　著	指出制造型企业管理的六大积弊;颠覆流行的错误认知;掌握精益管理的精髓	每一个企业都有自己不同的问题,管理没有一剑封喉的秘笈,要从现场、现物、现实出发
	比日本工厂更高效2:超强经营力 刘承元　著	企业要获得持续盈利,就要开源和节流,即实现销售最大化,费用最小化	掌握提升工厂效率的全新方法
	比日本工厂更高效3:精益改善力的成功实践 刘承元　著	工厂全面改善系统有其独特的目的取向特征,着眼于企业经营体质(持续竞争力)的建设与提升	用持续改善力来飞速提升工厂的效率,高效率能够带来意想不到的高效益
	3A顾问精益实践1:IE与效率提升 党新民　苏迎斌　蓝旭日　著	系统的阐述了IE技术的来龙去脉以及操作方法	使员工与企业持续获利
	3A顾问精益实践2:JIT与精益改善 肖志军　党新民　著	只在需要的时候,按需要的量,生产所需的产品	提升工厂效率
	化工企业工艺安全管理实操 黄　娜　编著	化工企业工艺安全管理全指导	帮助企业树立安全意识,强化安全管理方法
	手把手教你做专业的生产经理 黄　娜　著	物流、信息流、资金流,让生产经理管理有抓手	从菜鸟到能把控全局
员工素质提升	**TTT培训师精进三部曲(上):深度改善现场培训效果** 廖信琳　著	现场把控不用慌,这里有妙招一用就灵	课程现场无论遇到什么样的情况都能游刃有余
	TTT培训师精进三部曲(中):构建最有价值的课程内容 廖信琳　著	这样做课程内容,学员有收获培训师也有收获	优质的课程内容是树立个人品牌的保证
	TTT培训师精进三部曲(下):职业功力沉淀与修为提升 廖信琳　著	从内而外提升自己,职业的道路一帆风顺	走上职业TTT内训师的康庄大道
	培训师,如何让你的事业长青:自我管理的10项法则 廖信琳　著	建立了一套完整的培训师自我管理体系,为培训师的职业成长与发展提供有益的指引	培训师如何在自己的职业道路上越走越高,事业长青,一直有所收获与成长?本书将给你答案
	管理咨询师的第一本书:百万年薪　千万身价 熊亚柱　著	从问题出发,发现问题、分析问题、解决问题,让两眼一抹黑的新人快速成长	管理咨询师初入职场,让这本书开启百万年薪之路

续表

员工素质提升	手把手教你做专业督导:专卖店、连锁店 熊亚柱　著	从督导的职能、作用,在工作中需要的专业技能、方法,都提供了详细的解读和训练办法,同时附有大量的表单工具	无论是店铺需要统一培训,还是个人想成为优秀的督导,有这一本就够了
	跟老板"偷师"学创业 吴江萍　余晓雷　著	边学边干,边观察边成长,你也可以当老板	不同于其他类型的创业书,让你在工作中积累创业经验,一举成功
	销售轨迹:一位快消品营销总监的拼搏之路 秦国伟　著	本书讲述了一个普通销售员打拼成为跨国企业营销总监的真实奋斗历程	激励人心,给广大销售员以力量和鼓舞
	在组织中绽放自我:从专业化到职业化 朱仁健　王祥伍　著	个人如何融入组织,组织如何助力个人成长	帮助企业员工快速认同并投入到组织中去,为企业发展贡献力量
	企业员工弟子规:用心做小事,成就大事业 贾同领　著	从传统文化《弟子规》中学习企业中为人处事的办法,从自身做起	点滴小事,修养自身,从自身的改善得到事业的提升
	手把手教你做顶尖企业内训师:TTT 培训师宝典 熊亚柱　著	从课程研发到现场把控、个人提升都有涉及,易读易懂,内容丰富全面	想要做企业内训师的员工有福了,本书教你如何抓住关键,从入门到精通
	28 天速成文案高手 秦　士　安　丽　著	解构优秀品牌和出彩文案背后的逻辑,28 天循序渐进成为文案高手	让优质文案变成"智慧工厂"般的工序管理与稳定出品
	让投诉顾客满意离开:客户投诉应对与管理 孟广桥　著	立足于投诉处理的实践,剖析了不同投诉者投诉的特点和应对措施,并提供各种技巧方法、赢得客户信赖所需培养的品质修炼、处理投诉应掌握的法律法规等工具	是投诉处理人员适应岗位职能需要、提升工作技能的良师益友,是企业变诉为金、培养业务骨干的法宝

营销类:把客户需求融入企业各环节,提供"客户认为"有价值的东西

	书名．作者	内容/特色	读者价值
营销模式	精品营销战略 杜建君　著	以精品理念为核心的精益战略和营销策略	用精品思维赢得高端市场
	变局下的营销模式升级 程绍珊　叶　宁　著	客户驱动模式、技术驱动模式、资源驱动模式	很多行业的营销模式被颠覆,调整的思路有了!
	动销操盘:节奏掌控与社群时代新战法 朱志明　著	在社群时代把握好产品生产销售的节奏,解析动销的症结,寻找动销的规律与方法	都是易读易懂的干货!对动销方法的全面解析和操盘
	弱势品牌如何做营销 李政权　著	中小企业虽有品牌但没名气,营销照样能做的有声有色	没有丰富的实操经验,写不出这么具体、详实的案例和步骤,很有启发
	老板如何管营销 史贤龙　著	高段位营销 16 招,好学好用	老板能看,营销人也能看
	洞察人性的营销战术:沈坤教你 28 式 沈　坤　著	28 个匪夷所思的营销怪招令人拍案叫绝,涉及商业竞争的方方面面,大部分战术可以直接应用到企业营销中	各种谋略得益于作者的横向思维方式,将其操作过的案例结合其中,提供的战术对读者有参考价值
	动销:产品是如何畅销起来的 吴江萍　余晓雷　著	真真切切告诉你,产品究竟怎么才能卖出去	击中痛点,提供方法,你值得拥有
	1000 铁杆女粉丝 张兵武　著	连接是女性与生俱来的特质。能善用连接的营销人员,就像拿到打开女性荷包的钥匙	重新认识女性的传播力量
	360°谈营销:一位营销咨询师 20 年实战洞察 王清华　古怀亮　著	各个角度,全方位,多视点剥营销	思路单一,此书帮你破

续表

营销模式	**营销按钮:扣动一触即发的力量** 老　苗　著	提供各种奇形怪状的营销武器	一定会带给你不一样的思维震撼
	孙子兵法营销战 刘文新　著	逐句解读孙子兵法,以及在营销方面的感悟	帮助营销人用智慧打营销仗
销售	**资深大客户经理:策略准,执行狠** 叶敦明　著	从业务开发、发起攻势、关系培育、职业成长四个方面,详述了大客户营销的精髓	满满的全是干货
	大客户销售这样说这样做 陆和平　著	大客户销售十大模块68个典型销售场景应对策略和话术,直接拿来就用	从"为什么要这么干"到"干什么、怎么干"
	成为资深的销售经理:B2B、工业品 陆和平　著	围绕"销售管理的六个关键控制点"一一展开,提供销售管理的专业、高效方法	方法和技术接地气,拿来就用,从销售员成长为经理不再犯难
	销售是门专业活:B2B、工业品 陆和平　著	销售流程就应该跟着客户的采购流程和关注点的变化向前推进,将一个完整的销售过程分成十个阶段,提供具体方法	销售不是请客吃饭拉关系,是个专业的活计!方法在手,走遍天下不愁
	向高层销售:与决策者有效打交道 贺兵一　著	一套完整有效的销售策略	有工具,有方法,有案例,通俗易懂
	学话术　卖产品 张小虎　著	分析常见的顾客异议,将优秀的话术模块化	让普通导购员也能成为销售精英
组织和团队	**升级你的营销组织** 程绍珊　吴越舟　著	用"有机性"的营销组织替代"营销能人",营销团队变成"铁营盘"	营销队伍最难管,程老师不愧是营销第1操盘手,步骤方法都很成熟
	用数字解放营销人 黄润霖　著	通过量化帮助营销人员提高工作效率	作者很用心,很好的常备工具书
	成为优秀的快消品区域经理(升级版) 伯建新　著	用"怎么办"分析区域经理的工作关键点,增加30%全新内容,更贴近环境变化	可以作为区域经理的"速成催化器"
	成为资深的销售经理:B2B、工业品 陆和平　著	围绕"销售管理的六个关键控制点"一一展开,提供销售管理的专业、高效方法	方法和技术接地气,拿来就用,从销售员成长为经理不再犯难
	一位销售经理的工作心得 蒋　军　著	一线营销管理人员想提升业绩却无从下手时,可以看看这本书	一线的真实感悟
	快消品营销:一位销售经理的工作心得2 蒋　军　著	快消品、食品饮料营销的经验之谈,重点突出	来源于实战的精华总结
	销售轨迹:一位快消品营销总监的拼搏之路 秦国伟　著	本书讲述了一个普通销售员打拼成为跨国企业营销总监的真实奋斗历程	激励人心,给广大销售员以力量和鼓舞
	用营销计划锁定胜局:用数字解放营销人2 黄润霖　著	全方位教你怎么做好营销计划,好学好用真简单	照搬套用就行,做营销计划再也不头痛
	快消品营销人的第一本书:从入门到精通 刘　雷　伯建新　著	快消行业必读书,从入门到专业	深入细致,易学易懂
产品	**产品开发管理方法·流程·工具:从作坊式到规范化** 任彭枞　著	产品研发管理体系全指导	既有工具,又能开拓思路
	新产品开发管理,就用IPD(升级版) 郭富才　著	10年IPD研发管理咨询总结,国内首部IPD专业著作	一本书掌握IPD管理精髓

续表

产品	**这样打造大单品：案例　策略　方法** 迪智成咨询团队　著	囊括十三个不同行业、企业的实际案例，从不同角度详细剖析、总结了这些品牌厂家打造大单品的成功经验或者失败教训	厘清大单品打造的策划与路径，得出持续经营的思路与方法
	研发体系改进之道 靖　爽　陈年根　马鸣明　著	提出一套系统性的方法与工具	指引企业少走弯路，提高成功率
	资深项目经理这样做新产品开发管理 秦海林　著	以 IPD 为思想，系统讲解新产品开管理的细节	提供管理思路和实用工具
	产品炼金术Ⅰ：如何打造畅销产品 史贤龙　著	满足不同阶段、不同体量、不同行业企业对产品的完整需求	必须具备的思维和方法，避免在产品问题上走弯路
	产品炼金术Ⅱ：如何用产品驱动企业成长 史贤龙　著	做好产品、关注产品的品质，就是企业成功的第一步	必须具备的思维和方法，避免在产品问题上走弯路
品牌	**中小企业如何建品牌** 梁小平　著	中小企业建品牌的入门读本，通俗、易懂	对建品牌有了一个整体框架
	采纳方法：破解本土营销 8 大难题 朱玉童　编著	全面、系统、案例丰富、图文并茂	希望在品牌营销方面有所突破的人，应该看看
	中国品牌营销十三战法 朱玉童　编著	采纳 20 年来的品牌策划方法，同时配有大量的案例	众包方式写作，丰富案例给人启发，极具价值
	今后这样做品牌：移动互联时代的品牌营销策略 蒋　军　著	与移动互联紧密结合，告诉你老方法还能不能用，新方法怎么用	今后这样做品牌就对了
	中小企业如何打造区域强势品牌 吴　之　著	帮助区域的中小企业打造自身品牌，如何在强壮自身的基础上往外拓展	梳理误区，系统思考品牌问题，切实符合中小区域品牌的自身特点进行阐述
渠道通路	**深度分销：掌控渠道价值链** 施　炜　著	制造商通过掌控渠道价值链，将管理触角延伸至零售层面及顾客现场，对市场根部精耕细作，从而挖掘需求，构筑区域市场尤其是三四级市场的竞争壁垒	深度分销是中国企业对世界营销的独特贡献。实践证明，互联网时代深度分销仍有生命力
	快消品营销与渠道管理 谭长春　著	将快消品标杆企业渠道管理的经验和方法分享出来	可口可乐、华润的一些具体的渠道管理经验，实战
	传统行业如何用网络拿订单 张　进　著	给老板看的第一本网络营销书	适合不懂网络技术的经营决策者看
	采纳方法：化解渠道冲突 朱玉童　编著	系统剖析渠道冲突，21 个渠道冲突案例、情景式讲解，37 篇讲义	系统、全面
	学话术　卖产品 张小虎　著	分析常见的顾客异议，将优秀的话术模块化	让普通导购员也能成为销售精英
	向高层销售：与决策者有效打交道 贺兵一　著	一套完整有效的销售策略	有工具，有方法，有案例，通俗易懂
	通路精耕操作全解：快消品 20 年实战精华 周　俊　陈小龙　著	通路精耕的详细全解，每一步的具体操作方法和表单全部无保留提供	康师傅二十年的经验和精华，实践证明的最有效方法，教你如何主宰通路

管理者读的文史哲·生活

书名．作者		内容/特色	读者价值
思想·文化	**德鲁克管理思想解读** 罗　珉　著	用独特视角和研究方法，对德鲁克的管理理论进行了深度解读与剖析	不仅是摘引和粗浅分析，还是作者多年深入研究的成果，非常可贵
	德鲁克与他的论敌们：马斯洛、戴明、彼得斯 罗　珉　著	几位大师之间的论战和思想碰撞令人受益匪浅	对大师们的观点和著作进行了大量的理论加工，去伪存真、去粗存精，同时有自己独特的体系深度

续表

思想·文化	**德鲁克管理学** 张远凤　著	本书以德鲁克管理思想的发展为线索，从一个侧面展示了20世纪管理学的发展历程	通俗易懂，脉络清晰
	王阳明“万物一体”论：从“身－体”的立场看（修订版） 陈立胜　著	以身体哲学分析王阳明思想中的“仁”与“乐”	进一步了解传统文化，了解王阳明的思想
	自我与世界：以问题为中心的现象学运动研究 陈立胜　著	以问题为中心，对现象学运动中的“意向性”“自我”“他人”“身体”及“世界”各核心议题之思想史背景与内在发展理路进行深入细致的分析	深入了解现象学中的几个主要问题
	作为身体哲学的中国古代哲学 张再林　著	上篇为中国古代身体哲学理论体系奠基性部分，下篇对由“上篇”所开出的中国身体哲学理论体系的进一步的阐发和拓展	了解什么是真正原生态意义上的中国哲学，把中国传统哲学与西方传统哲学加以严格区别
	中西哲学的歧异与会通 张再林　著	本书以一种现代解释学的方法，对中国传统哲学内在本质尝试一种全新的和全方位的解读	发掘出掩埋在古老传统形式下的现代特质和活的生命，在此基础上揭示中西哲学“你中有我，我中有你”之旨
	治论：中国古代管理思想 张再林　著	本书主要从儒、法墨三家阐述中国古代管理思想	看人本主义的管理理论如何不留斧痕地克服似乎无法调解的存在于人类社会行为与社会组织中的种种两难和对立
	车过麻城　再晤李贽 张再林　著	系统全面而又简明扼要地展示了李贽独到的学术眼力和超拔的理论建树	帮助读者重新认识李贽的思想
	中国古代政治制度（修订版）上：皇帝制度与中央政府 刘文瑞　著	全面论证了古代皇帝制度的形成和演变的历程	有助于读者从政治制度角度了解中国国情的历史渊源
	中国古代政治制度（修订版）下：地方体制与官僚制度 刘文瑞　著	全面论证了古代地方政府的发展演变过程	有助于读者从政治制度角度了解中国国情的历史渊源
	中国思想文化十八讲（修订版） 张茂泽　著	中国古代的宗教思想文化，如对祖先崇拜、儒家天命观、中国古代关于“神”的讨论等	宗教文化和人生信仰或信念紧密相联，在文化转型时期学习和研究中国宗教文化就有特别的现实意义
	史幼波《大学》讲记 史幼波　著	用儒释道的观点阐释大学的深刻思想	一本书读懂传统文化经典
	史幼波《周子通书》《太极图说》讲记 史幼波　著	把形而上的宇宙、天地，与形而下的社会、人生、经济、文化等融合在一起	将儒家的一整套学修系统融合起来
	史幼波《中庸》讲记（上下册） 史幼波　著	全面、深入浅出地揭示儒家中庸文化的真谛	儒释道三家思想融会贯通
	梁涛讲《孟子》之万章篇 梁　涛　著	《万章》主要记录孟子与万章的对话，涉及孝道、亲情、友情、出仕为官等	作者的解读能帮助读者更好地理解孟子及儒学
	两晋南北朝十二讲（修订版） 李文才　著	作为一本普及性读物，作者尊重史实，运用“历史心理学”的叙事方法，分12个专题对两晋南北朝的历史进行阐述	让读者轻松了解两晋南北朝的历史
	每个中国人身上的春秋基因 史贤龙　著	春秋368年（公元前770－公元前403年），每一个中国人都可以在这段时期的历史中找到自己的祖先，看到真实发生的事件，同时也看到自己	长情商、识人心
	与《老子》一起思考：德篇 **与《老子》一起思考：道篇** 史贤龙　著	打通文史，回归哲慧，纵贯古今，放眼中外，妙语迭出，在当今的老子读本中别具一格	深读有深读的回味，浅尝有浅尝的机敏，可给读者不同的启发

续表

思想·文化	**说服天下:《鬼谷子》的中国沟通术** 翟玉忠　著	由内圣而外王,从心力的培育到具体的说服理论,再到生动的说服案例	从商业到军事再到日常生活,沟通说服已经变得越来越重要
	读《管子》,知天下财富:轻重术与中国古典经济思想 翟玉忠　著	中国农业社会规模庞大的市场产生了复杂发展的经济理论——以《管子》轻重十六篇为核心的轻重术	本书分为道、术两大部分,有思想、有谋略,相信你会从中有所收获
	中国商道:从古典商书说开去 翟玉忠　著	对中国先秦和明清两个商品经济大发展时期商业典籍的第一次系统整理和诠释	中华商道一脉相承,造就了无数商业奇迹,成就了无数商业巨子。今人读之,必能获益
	跟陈忠建学写名家书法Ⅰ **跟陈忠建学写名家书法Ⅱ** 陈忠建　著	中国台湾著名书法教育家,用视频手把手教你摹写历代名家笔触	用拟古千字文的形式,学习名家的技巧
	像美国人一样讲话:教你记住800句最地道的美语 马方旭　著	本书基本囊括了在美国最常用最地道的800习惯用语表达,包含中英双语翻译,以及清晰明了的注解帮助增强记忆,加入视频等流行的记忆方法	易读易懂,趣味十足
	别让你的执着毁了孩子 廖信琳　著	让职场人在家庭教育中不再焦虑,重塑亲子互动模式	只要放下你的执拗,孩子可以更优秀
	非暴力抵抗的诞生 甘　地　著	甘地在南非的自传,介绍了非暴力抵抗诞生的历史	深入了解甘地及其伟大思想
	中东历史与现状二十讲 黄民兴　著	介绍了中东历史和现状的20个重要问题	为研究和教学人员提供指导和依据
	郑子太极拳理拳法 杨竣雄　著	走进郑子太极拳完整训练体系的大门,随着书中另一主角——师父的课程安排与每日功课的练习	当您学完这套书后,在掌握拳架的同时具备诸多正确的太极理念与系统知识
	内功太极拳训练教程 王铁仁　编著	杨式(内功)太极拳(俗称老六路)的详细介绍及具体修炼方法,身心的一次升华	书中含有大量图解并有相关视频供读者同步学习
	中医治心脏病 马宝琳　著	引用众多真实案例,客观真实地讲述了中西医对于心脏病的认识及治疗方法	看完这本书,能为您节约10万元医药费